Walther Ziegler

Arendt
in 60 Minuten

AF236577

Dank an Rudolf Aichner für seine unermüdliche und kritische Redigierung,
Silke Ruthenberg für die feine Grafik, Angela Schumitz, Lydia Pointvogl, Eva Amberger,
Christiane Hüttner, Dr. Martin Engler für das Lektorat
und Dank an Prof. Guntram Knapp, der mich für die Philosophie begeistert hat.

Man könnte wohl sagen, daß die lebendige Menschlichkeit eines Menschen in dem Maße abnimmt, in dem er auf das Denken verzichtet [...]. [1]

Bibliografische Information der Deutschen Nationalbibliothek:
Die Deutsche Nationalbibliothek verzeichnet diese Publikation in der Deutschen
Nationalbibliografie; detaillierte bibliografische Daten sind im Internet über www.dnb.de
abrufbar.

Umschlaggestaltung und Grafik des gesamten Buches: Silke Ruthenberg
unter Verwendung von Illustrationen von:
Raphael Bräsecke, Creactive – Atelier für Werbung, Comic & Illustration (Zeichnungen)
© JackF - Fotolia.com (Bilderrahmen)
© Valerie Potapova - Fotolia.com (Bilderrahmen)
© Svetlana Gryankina - Fotolia.com (Sprechblasen)
Herstellung und Verlag:
BoD – Books on Demand, Norderstedt

ISBN 9783-7-5288-843-0

Inhalt

Arendts große Entdeckung

Hannah Arendt (1906-1975) gilt zu Recht als die bedeutendste Philosophin der Welt. Keine andere Denkerin und kein anderer Denker hat die Epoche des Totalitarismus so hautnah miterlebt und gleichzeitig so unvoreingenommen und präzise analysiert. Ihre Schlussfolgerungen für die Demokratie sind bis heute von größter Brisanz.

Arendts Hauptwerk Ursprünge und Elemente totalitärer Herrschaft ist zweifellos eng mit ihrer Biografie verknüpft. Als geborene Deutsche aus einer jüdischen Familie in Königsberg liest sie bereits mit vierzehn Jahren die Bücher von Kant. Mit achtzehn studiert sie in Marburg Philosophie bei Heidegger, in den sie sich verliebt und mit dem sie bald eine leidenschaftliche Affäre beginnt. Der verheiratete Philosophieprofessor gesteht später, dass sie „nun einmal die Passion seines Lebens gewesen" ist. [2]

Umso unbegreiflicher und schmerzhafter muss es für Arendt gewesen sein, als ihr Geliebter 1933 aus freien Stücken in die NSDAP eintritt. Sie stellt daraufhin jeden Kontakt ein. Nur wenige Monate später wird sie wegen ihrer jüdischen Herkunft von der Gestapo verhaftet und verhört. Nach ihrer Freilassung flieht sie nach Frankreich, wo sie 1940 in ein Internierungslager eingewiesen wird. Es gelingt ihr aber zu fliehen und über Lissabon in die Vereinigten Staaten zu emigrieren. Dort baut sie sich als Journalistin und Wissenschaftlerin eine neue Existenz auf und erwirbt Jahre später die amerikanische Staatsangehörigkeit.

Nach Kriegsende stellt sie die große Frage, wie es zur Katastrophe des NS-Terrors kommen konnte und verarbeitet ihre Erfahrungen in dem Werk *The origins of totalitarianism*. Das Buch macht sie mit einem Schlag in ganz Amerika bekannt. Auch die deutsche Ausgabe *Elemente und Ursprünge totaler Herrschaft* erregt 1955 größtes Aufsehen und macht sie zur bedeutendsten politischen Philosophin der Bundesrepublik.

Auf über tausend Seiten erforscht sie darin die gemeinsamen Elemente und Ursachen für das Aufkommen von Nationalsozialismus und Stalinismus. Elemente und Ursprünge totaler Herrschaft ist aber weitaus mehr als ein Standardwerk der Politischen Theorie. Arendt formuliert darin ihren philosophi-

8

schen Kerngedanken, der uns bis heute in Atem hält und den jeder Demokrat kennen muss. Es ist die Entdeckung der „Massengesellschaft", der „Verlassenheit" und die Warnung vor der „Herrschaft des Niemand":

> Was moderne Menschen so leicht in die totalitären Bewegungen jagt, […] ist die allenthalben zunehmende Verlassenheit. [3]

Mit „Verlassenheit" oder auch „Weltlosigkeit" meint Arendt ein Phänomen, das den modernen Menschen zutiefst prägt, nämlich die Tatsache, dass er im Gegensatz zu früheren Generationen nicht mehr in der Großfamilie, Handwerker-Zunft, Gilde, sozialen Gruppe oder Gemeinde fest verwurzelt ist. Stattdessen lebt er häufig als austauschbarer Arbeiter oder Angestellter losgelöst von allen Bindungen in anonymen Millionenstädten. Durch die industrielle Revolution und das dramatische Bevölkerungswachstum ist, so Arendt, in historisch gesehen kurzer Zeit eine ganz neue Gesellschaft entstanden, die so genannte „Massengesellschaft". Die Menschen fühlen sich seit dem Beginn des zwanzigsten Jahrhunderts ungeborgen, austauschbar und überflüssig:

[...] ein Gefühl, das in Europa ganz neuen Datums ist und sich erst aus der außerordentlichen Bevölkerungszunahme der letzten 150 Jahre ergeben hat [...]. [4]

Tatsächlich gab es, wie Arendt feststellt, vor der Jahrhundertwende eine dramatische Bevölkerungsexplosion. Allein auf dem Gebiet des deutschen Reiches wuchs die Zahl der Menschen zwischen 1750 und 1910 um das Zehnfache von sechs Millionen auf fünfundsechzig Millionen an. Es kam zu einer nie dagewesenen Urbanisierung und Konzentration von Menschenmassen in den Metropolen. Völlig neuartige und hocheffiziente Behörden wurden aus dem Boden gestampft, um die rasant wachsende Bevölkerung zu verwalten und zu dirigieren. Das ehedem selbstbewusste bürgerliche Individuum war nicht mehr tonangebend, zog sich zurück oder ging in der Masse der Industriebevölkerung unter. Die Erfahrung der Arbeitslosigkeit, das Gefühl der Ohnmacht und völligen Austauschbarkeit erfasste weite Teile der Gesellschaft.

Und genau dieses Grundgefühl der Haltlosigkeit, so Arendt, bereitete den Nährboden für den National- sozialismus und den Stalinismus. Denn die entwur- zelten Massen, so ihre These, neigen strukturell zu Ideologien, die ihnen einen neuen Lebenssinn und ein neues Selbstbewusstsein geben. Stalin hat den Massen die Weltrevolution und ein künftiges so- zialistisches Arbeiterparadies versprochen, Hitler ein tausendjähriges, großgermanisches Reich und die Herrschaft der arischen Rasse. An der Stelle der „Verlorenheit" vermitteln Ideologien eine neue Ge- borgenheit, institutionell begleitet von Massenorga- nisationen und paramilitärischen Verbänden. Durch Massenmedien und staatlich verordneten Terror werden die Menschen dazu gebracht, der jeweiligen Ideologie bedingungslos zu folgen, bis sie am Ende das eigene Denken aufgeben:

Man könnte wohl sagen, daß die lebendige Menschlichkeit eines Menschen in dem Maße abnimmt, in dem er auf das Denken verzichtet [...] und sich bekannten oder auch unbekannten Wahrheiten, anvertraut [...]. [5]

11

Arendts Diagnose der Ideologieanfälligkeit der modernen Massengesellschaft und der „Herrschaft des Niemand" ist deshalb so brisant, da sie sich nicht nur auf die Diktaturen des zwanzigsten Jahrhunderts bezieht, sondern ebenfalls auf unsere heutigen Demokratien.

Tatsächlich kennen wir auch heutzutage die „Herrschaft des Niemand" und das Gefühl der „Verlassenheit". Zwar finden in den meisten westlichen Ländern von Zeit zu Zeit Wahlen statt, in denen politische Repräsentanten bestimmt werden, aber die Bürger selbst gestalten nicht mehr aktiv mit. Wenn eine andere Partei an die Macht kommt, werden meist nur die Minister ausgetauscht, die riesigen Bürokratien und Ministerien selbst arbeiten unverändert weiter. Sie verwalten und führen uns durch das ganze Leben – von der Geburtsurkunde, der Schulpflicht, dem Führerschein, dem Steuerbescheid, den zu entrichtenden Sozialversicherungsbeiträgen, den jeweils neuen gesetzlichen Bestimmungen zum Jahreswechsel, der zulässigen Höchstgeschwindigkeit im Straßenverkehr, dem Arbeitslosengeld bis hin zur Verrentung:

Bürokratie ist eine Herrschaftsform,

in welcher [...] die anonyme Verfügung eines Büros an die Stelle öffentlich-rechtlicher Entscheidungen tritt, für die eine Person verantwortlich gemacht [...] werden kann. [6]

Arendt kommt zu einer radikalen Schlussfolgerung. An die Stelle des mündigen Bürgers, der selbst entscheidet und für seine Entscheidungen verantwortlich ist, tritt in unserer Massengesellschaft die „Herrschaft des Niemand". Das bedeutet, dass unpersönliche und gesichtslose Behörden Vorschriften und Verordnungen erlassen, die wir gedankenlos hinnehmen. Und nicht nur das – wir empfinden die Regelungen des Zusammenlebens in den verdichteten Ballungsräumen als notwendig und ganz normal. Doch die „Herrschaft des Niemand" ist keineswegs so harmlos, wie es scheint:

Die Herrschaft des Niemands ist so wenig Nicht-Herrschaft, daß sie sich unter gewissen Umständen sogar als eine der grausamsten und tyrannischsten Herrschaftsformen entpuppen kann. [7]

Da wir von Kindheit an daran gewöhnt sind, die Anordnungen der Verwaltung, der Polizei und des Staates zu befolgen, tun wir dies auch, wenn die Anordnungen falsch, ungerecht oder sogar menschenfeindlich sind.

Ein drastisches historisches Beispiel für die „Herrschaft des Niemand" ist, so Arendt, das Verhalten des NS-Beamten und Referatsleiters Eichmann, der sich stets an die Verordnungen des übergeordneten Ministeriums gehalten hat. Auf dienstliche Anweisung hin organisierte er den Transport von Millionen Juden in die Konzentrations- und Vernichtungslager. Er steht exemplarisch für tausende Verwaltungsmitarbeiter, Bahnbeamte, Richter, Polizisten und andere Bürger, die den Nationalsozialismus aktiv unterstützt und sich später damit entschuldigt haben, lediglich Anweisungen und Gesetze befolgt zu haben. Eichmann war kein Einzelfall:

> Das Beunruhigende an der Person Eichmanns war doch gerade, daß er war wie viele und daß diese vielen weder pervers noch sadistisch, sondern schrecklich und erschreckend normal waren und sind. [8]

An dieser Stelle formuliert Arendt ihre umstrittene, aber zweifellos brillante These von der „Banalität des Bösen". Denn die „banale" Pflichterfüllungsmentalität von Eichmann und Millionen anderen habe das ganze Ausmaß des NS-Terrors erst ermöglicht. Nur indem so viele Menschen bis zum Schluss sämtliche Anweisungen und Gesetze befolgt haben, sei es möglich gewesen, dass das NS-Regime Krieg und Massenmord über so viele Jahre hinweg ohne breiten Widerstand entfalten konnte.

Keine andere politikwissenschaftliche These über den Nationalsozialismus und Holocaust hat eine so kontroverse und hochemotionale Diskussion ausgelöst, wie die „Banalität des Bösen".

So wurde Arendt von jüdischer Seite vorgeworfen, die Gräueltaten der Nazis als „banal" zu verharmlosen und damit die Opfer zu verhöhnen. Der Historiker Golo Mann bezichtigte sie der Missachtung und Beleidigung der deutschen Widerstandskämpfer, da sie ihr Augenmerk immer nur auf die Anpassung der Mehrheit der Deutschen gelegt habe. Die europäische Linke kritisierte die „Banalität des Bösen" als haltlose Psychologisierung und den Begriff des „Totalitarismus" generell als Schlagwort, um Nationalsozialismus und Kommunismus in einen Topf zu werfen. Wieder andere sahen in der These von der „Banalität des Bösen" den ungerechtfertigten Versuch, den „Eichmann in uns allen" anzusprechen und den Deutschen eine Kollektivschuld zu unterstellen.

Nur wenige prominente Denker, wie der Philosoph Karl Jaspers, begrüßten Arendts Entdeckung der „Banalität des Bösen" als Entdämonisierung und als ein Erklärungsmodell, aus dem man für die Zukunft lernen könne. Noch heute gibt es dazu erhitzte Diskussionen.

Arendt formulierte ihre provokative These 1961 als Journalistin. Sie berichtete damals für die Zeitschrift

16

„The New Yorker" aus dem Jerusalemer Gerichtssaal über den Eichmann-Prozess. Ihre Artikel veröffentlichte sie anschließend in dem Buch Eichmann in Jerusalem. Ein Bericht von der Banalität des Bösen.

Der Angeklagte Eichmann hatte den Krieg überlebt und sich in Argentinien unter falscher Identität eine neue Existenz aufgebaut, bis ihn der israelische Geheimdienst Mossad nach Jerusalem entführte und vor Gericht stellte. In der erhitzten Atmosphäre beschrieben ihn die Medien als Besessenen, als Teufel und amoralisches Monster. Selbst der israelische Staatsanwalt bezeichnete ihn als „perversen Sadisten". Arendt wendete sich gegen eine solche, ihrer Meinung nach, falsche und wenig zielführende Dämonisierung und Pathologisierung:

Eichmann war nicht Jago und nicht Macbeth [...]. Außer einer ganz ungewöhnlichen Beflissenheit, alles zu tun, was seinem Fortkommen dienlich sein konnte, hatte er überhaupt keine Motive; [...]

17

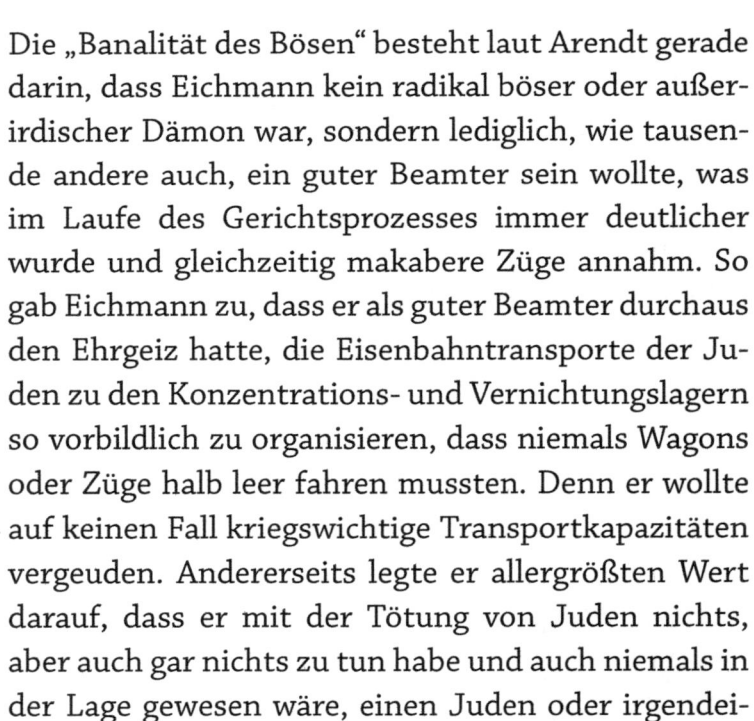

Es war gewissermaßen schiere Gedankenlosigkeit [...], die ihn dafür prädisponierte, zu einem der größten Verbrecher jener Zeit zu werden. [9]

Die „Banalität des Bösen" besteht laut Arendt gerade darin, dass Eichmann kein radikal böser oder außerirdischer Dämon war, sondern lediglich, wie tausende andere auch, ein guter Beamter sein wollte, was im Laufe des Gerichtsprozesses immer deutlicher wurde und gleichzeitig makabere Züge annahm. So gab Eichmann zu, dass er als guter Beamter durchaus den Ehrgeiz hatte, die Eisenbahntransporte der Juden zu den Konzentrations- und Vernichtungslagern so vorbildlich zu organisieren, dass niemals Wagons oder Züge halb leer fahren mussten. Denn er wollte auf keinen Fall kriegswichtige Transportkapazitäten vergeuden. Andererseits legte er allergrößten Wert darauf, dass er mit der Tötung von Juden nichts, aber auch gar nichts zu tun habe und auch niemals in der Lage gewesen wäre, einen Juden oder irgendeinen anderen Menschen zu töten. Wie sollte man mit diesem Widerspruch umgehen?

18

Die Frage war demnach, ob Eichmann log, wenn er sagte: „Ich habe nie einen Juden getötet [...]. Ich habe auch nie einen Befehl zum Töten eines Juden gegeben [...]." [10]

Arendt kam zu dem Ergebnis, dass er nicht log. Man habe es in seinem Fall mit einem ganz neuen Tätertyp zu tun, einem „Verwaltungsmassenmörder". Denn tatsächlich tötete Eichmann keinen einzigen Menschen mit eigener Hand und hat auch niemals einen Befehl dazu gegeben. Schuldig aber, so Arendt, sei er trotzdem. Denn auch an seinem von den Vernichtungslagern weit entfernten Schreibtisch habe er sich schuldig gemacht, als er die Anweisung des Ministeriums befolgte und die Transporte organisierte. Denn, so Arendt, weder er noch andere Beamte, Soldaten und Staatsdiener können sich darauf hinausreden, nur Anweisungen befolgt zu haben. Jedes Handeln, egal ob in einer Diktatur oder Demokratie, bleibt immer in der Verantwortung des einzelnen Menschen. An dieser wichtigen Stelle verweist Arendt auf Kant:

Kein Mensch hat bei Kant das Recht zu gehorchen. [11]

Der Kerngedanke von Arendt ist jetzt klar: Der Mensch kann und darf sich auch im Zeitalter der Massengesellschaft auf keinen Fall der „Herrschaft des Niemand" überantworten. Für uns alle gibt es die Pflicht, selbst zu denken und zu urteilen. Die Verantwortung bleibt letztlich immer bei uns. Weder eine diktatorische Ideologie, noch ein Gesetz oder eine demokratisch gewählte Regierung kann und darf unser eigenes Denken ersetzen oder einschränken. Wir benötigen das, was sich Arendt auch selbst immer wieder abverlangt hat, ein

Denken ohne Geländer. [12]

20

Wir müssen in der Lage sein, notfalls auch entgegen aller Gesetze, Regeln und Vorschriften zu denken und zu handeln. Wie aber sieht so ein eigenständiges Denken aus? Was bedeutet es konkret, die „Herrschaft des Niemand" zu verweigern? Brauchen wir ein neues Schulfach, in dem unsere Kinder lernen, staatlichen Anweisungen zu misstrauen und diese gegebenenfalls zu verweigern?

Und welche Konsequenzen ergeben sich aus der „Banalität des Bösen"? Steckt tatsächlich ein Eichmann in uns allen? Wie viel Zivilcourage kann und muss man vom modernen Menschen verlangen? Hannah Arendt gibt klare und messerscharfe Antworten.

Arendts Kerngedanke

Elemente und Ursprünge totaler Herrschaft

In ihrem berühmten politischen Hauptwerk *Elemente und Ursprünge totaler Herrschaft* untersuchte Arendt zunächst die historischen Ursprünge des Totalitarismus. Sie kam zu dem Ergebnis, dass es bereits im 18. und 19. Jahrhundert erste Entwicklungen gab, die dem späteren Totalitarismus den Weg ebneten. Antisemitismus, Imperialismus und Kolonialismus bereiteten den Boden für die spätere Radikalisierung und Ideologisierung der Bevölkerung im zwanzigsten Jahrhundert. So ist beispielsweise die Rassenideologie der Nationalsozialisten bereits hundert Jahre zuvor durch den Kolonialismus vorbereitet worden. Denn schon die europäischen Kolonialherren haben sich gegenüber den kolonialisierten Völkern als Herrenmenschen gefühlt, mit dem Anspruch, die „wilden, zurückgebliebenen und heidnischen" Ureinwohner zu zivilisieren und zu missionieren. So erließen beispielsweise die Buren in der Südafrikanischen Republik bereits 1860 die ersten Gesetze der Rassentrennung. Und dennoch, so Arendt, war der spätere Totalitarismus eine ganz neue, in der Geschichte noch nie dagewesene Herrschaftsform. Es ist klar ersichtlich, dass

die Institutionen der totalen Herrschaft [...] prinzipiell verschieden von

den Formen politischer Unterdrückung sind, die uns als Despotie, Tyrannis und Diktatur [...] bekannt sind. [13]

Es gab zwar in der Geschichte schon immer Tyrannen, autoritäre Herrscher und Großkönige, aber noch nie eine Gewaltherrschaft, die das ganze Volk in allen Bereichen des Lebens – also in seiner Totalität – erfasst hat:

23

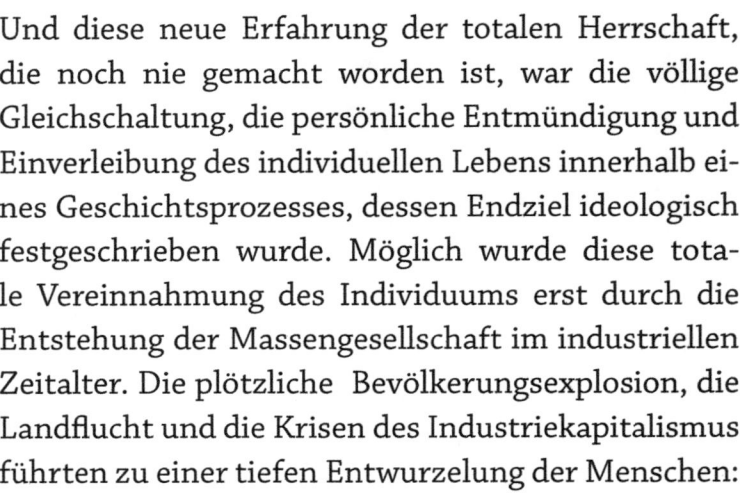

Wenn wir also behaupten, daß die totale Herrschaft eine neue, noch nie dagewesene Staatsform darstelle,

so behaupten wir, daß sie auf einer menschlichen Erfahrung gegründet ist, die nie zuvor [...] gemacht worden ist [...]. [14]

Und diese neue Erfahrung der totalen Herrschaft, die noch nie gemacht worden ist, war die völlige Gleichschaltung, die persönliche Entmündigung und Einverleibung des individuellen Lebens innerhalb eines Geschichtsprozesses, dessen Endziel ideologisch festgeschrieben wurde. Möglich wurde diese totale Vereinnahmung des Individuums erst durch die Entstehung der Massengesellschaft im industriellen Zeitalter. Die plötzliche Bevölkerungsexplosion, die Landflucht und die Krisen des Industriekapitalismus führten zu einer tiefen Entwurzelung der Menschen:

Die Masse verzweifelter und ressentiment-
erfüllter Individuen wuchs sehr rasch nach
dem Ersten Weltkrieg in Deutschland und
Österreich, wo Inflation und Arbeitslosigkeit
in kurzen Abständen der militärischen
Niederlage [...] gefolgt waren; [15]

Allein in Deutschland waren über sechs Millionen Menschen arbeitslos, ohne eine existenzsichernde Arbeitslosenunterstützung. Immer wieder fielen Menschen vor Schwäche und Hunger auf den Straßen um. Diejenigen, die noch Arbeit hatten, wussten um ihre Austauschbarkeit, fühlten sich gleichermaßen von der Verelendung bedroht und politisch allein gelassen:

Verlassenheit entsteht, wenn [...]
diese gemeinsam bewohnte Welt
auseinanderbricht und die [...] Menschen
plötzlich auf sich selbst zurückwirft. [16]

25

Die Wenigsten vertrauten noch darauf, dass christliche oder traditionelle Parteien die Probleme lösen können. Stattdessen hofften sie auf die Versprechen der radikalen Bewegungen, die ihnen eine neue klassenlose oder nationalsozialistische Welt in Aussicht stellten. Schon bei den beiden Wahlen 1932 gab es in Deutschland eine sogenannte „negative Mehrheit", das heißt, die Mehrheit der Deutschen entschied sich für NSDAP und KPD, zwei Parteien, deren erklärtes Ziel die Abschaffung der Demokratie war.

Hitler und Stalin konnten den Massen die Hoffnung auf ein neues Selbstbewusstsein geben. Sie waren nicht mehr überflüssig, austauschbar und heimatlos, sondern nahmen Teil an der Diktatur der Arbeiterklasse oder an der Volksgemeinschaft des arischen Herrenmenschen:

An die Stelle der individualistisch verstandenen Menschenwürde trat im völkischen Denken die Vorstellung, daß

alle, die in dasselbe Volk geboren sind, auf eine naturhafte Weise miteinander verbunden sind und, ähnlich wie die Mitglieder der gleichen Familie, aufeinander sich verlassen können. [17]

26

So sehr sich auch die beiden Ideologien von der Herrschaft der arischen Rasse und der sozialistischen Weltrevolution inhaltlich unterscheiden, so ähnlich sind doch ihre Strukturen.

Die totalitäre Ideologie vom Endziel der Geschichte

Beide Ideologien sind totalitär. Sie geben, so Arendt, eine Totalerklärung der Welt und sagen das Ziel der Menschheitsgeschichte voraus. Im Nationalsozialismus ist das Ziel der Geschichte die vom Naturprozess vorgegebene Herrschaft der stärksten Rasse; im Kommunismus die vom Geschichtsprozess vorgesehene Weltrevolution und die klassenlose Gesellschaft. Jedes Individuum, das dem jeweiligen Ziel der Gattung im Wege steht, also die Entfaltung des vorgegebenen Natur- oder Geschichtsprozesses behindert, muss aus der Gattung ausgeschlossen und mit Terror bekämpft werden:

Terror scheidet die Individuen aus um der Gattung willen, [...]

27

und zwar [...] grundsätzlich alle, insofern der Geschichts- oder Naturprozess von [...] Menschen [...] gehindert werden kann. [18]

Und darin gleichen sich Nationalsozialismus und Stalinismus. Im Fall des Nationalsozialismus stehen die unreinen und minderwertigen Rassen der gattungsmäßigen Entfaltung des Natur- und Geschichtsprozesses im Wege, im Fall des Stalinismus die zum Absterben verurteilten Klassen. So galten beispielsweise Adelige wie die Zarenfamilie als übrig gebliebene Vertreter der absterbenden Feudalgesellschaft und wurden liquidiert, ebenso wie die Vertreter der Bourgeoisie, welche die Herrschaft der Arbeiterklasse behindern:

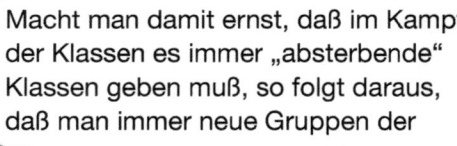

Macht man damit ernst, daß im Kampf der Klassen es immer „absterbende" Klassen geben muß, so folgt daraus, daß man immer neue Gruppen der

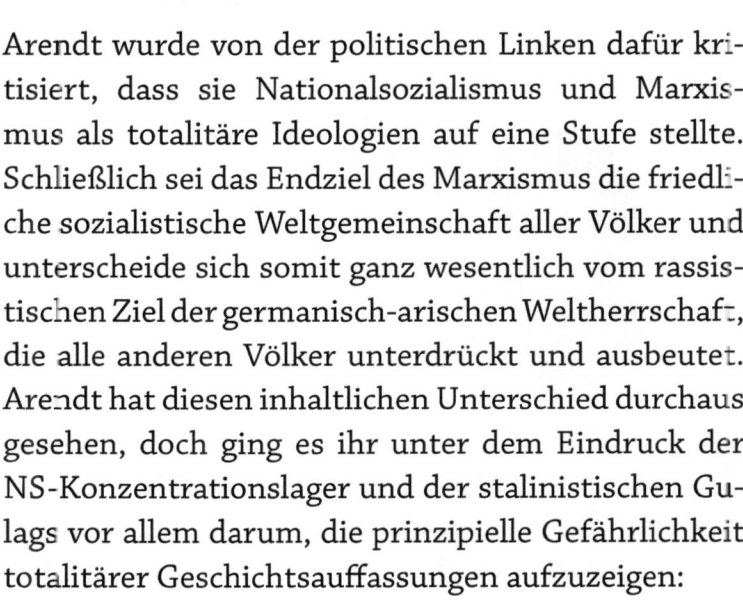

Gesellschaft ausrotten muß. Macht man damit ernst, daß es im Leben der Völker [...] „Parasiten" gibt, so folgt daraus, dass man mit ihnen so umspringen darf, wie mit Wanzen und Läusen, die man bekanntlich mit Giftgas ausrottet. [19]

Arendt wurde von der politischen Linken dafür kritisiert, dass sie Nationalsozialismus und Marxismus als totalitäre Ideologien auf eine Stufe stellte. Schließlich sei das Endziel des Marxismus die friedliche sozialistische Weltgemeinschaft aller Völker und unterscheide sich somit ganz wesentlich vom rassistischen Ziel der germanisch-arischen Weltherrschaft, die alle anderen Völker unterdrückt und ausbeutet. Arendt hat diesen inhaltlichen Unterschied durchaus gesehen, doch ging es ihr unter dem Eindruck der NS-Konzentrationslager und der stalinistischen Gulags vor allem darum, die prinzipielle Gefährlichkeit totalitärer Geschichtsauffassungen aufzuzeigen:

[...] so verschieden diese beiden Ideologien voneinander sind, [...] es läuft in jedem Falle auf ein Gesetz der Ausscheidung von „Schädlichem" oder Überflüssigem zugunsten des reibungslosen Ablaufs einer Bewegung hinaus [...]. [20]

Der Ideologie von Nationalsozialismus und Stalinismus, so schlussfolgert Arendt, kommt somit tatsächlich ein gemeinsames, makaberes Wesensmerkmal zu, nämlich die

Präparierung von Opfern und Henkern [...]. [21]

Ist eine solche Ideologie erst einmal etabliert, gehört das Töten von „Schädlingen" zum Alltag eines totalitären Systems. Die staatliche Lizenz zum Töten bedroht dann aber nicht nur die definierten Feinde,

30

sondern grundsätzlich alle Bürger. Denn niemand ist mehr sicher. Es obliegt nämlich jetzt höheren Instanzen, zu beurteilen, wer wirklich ein „Nützling" oder „Schädling" ist. Und das erzeugt allgemeine Verunsicherung und Angst.

Das zentrale Element des Totalitarismus: Gleichschaltung durch Terror

Da es keine Beschwerdestelle mehr gibt, regiert selbst bei den Anhängern des Regimes die Angst, beseitigt zu werden:

Der entscheidende Unterschied zwischen totaler Herrschaft, die auf Terror beruht, und den verschiedenen Arten der Gewaltherrschaft besteht darin, daß die erstere nicht nur ihren Gegnern, sondern auch

ihren Freunden und Anhängern den Garaus macht, da sie sich gegen Macht schlechthin, also auch gegen die mögliche Macht organisierter Anhänger wendet. [22]

So gibt es sowohl im Nationalsozialismus als auch im Stalinismus zahlreiche Beispiele für die Beseitigung von Anhängern, deren einziges „Vergehen" darin bestand, möglicherweise zu mächtig zu werden. So hat Hitler im Rahmen der Röhm-Affäre 1934 nicht nur zahlreiche SA-Führer verhaften und töten lassen, sondern auch Gregor Strasser, die Leitfigur des sozialistisch orientierten, linken Flügels der NSDAP. Strasser wurde, obgleich sein Bild in vielen Parteibüros neben dem von Hitler hing und er jahrelang Reichsorganisationsleiter, also eine Art Generalsekretär war, einfach erschossen. Auch Stalin hat, worauf Arendt hinweist, in den Moskauer Prozessen 1936-1938 eine Vielzahl von Kommunisten und Parteigängern skrupellos aburteilen und hinrichten lassen. Unter anderem liquidierte er fast die gesamte Führungselite der Bolschewiki, die noch aus der Gefolgschaft Lenins stammte:

Terror [...] ist das wahre Wesen totaler Herrschaft. [23]

32

Die unterschwellige, bisweilen auch ausgesprochene Drohung im Konzentrationslager oder Gulag zu landen, war, so Arendt, nicht die Ausnahme, sondern die Regel. Die Erfahrung, dem Terror und der Willkür ohnmächtig ausgesetzt zu sein, erzeugte insgesamt ein Klima der Angst, das es dem totalitären Regime in der ersten Phase leicht gemacht hat, traditionelle Organisationen wie die Gewerkschaften zu zerschlagen, Parteien zu verbieten, Verwaltung, Medien und Justiz gleichzuschalten sowie in der zweiten Phase unbedingten Gehorsam für die militärische Expansion und die Autorität des Führers zu erzwingen:

Das absolute Macht- und Befehlsmonopol in der Person des Führers selbst, war im Stalinschen Rußland sogar noch auffälliger [...]. [24]

Am Ende stand in beiden Fällen ein menschenverachtender Terror, der in der gesamten abendländischen Geschichte einzigartig ist und der sich auch hinterher, von nachfolgenden Generationen, nicht mehr einfach erklären, rechtfertigen oder in die Reihe der bisherigen Geschichte einordnen lässt:

33

Die Gaskammern des Dritten Reichs und die Konzentrationslager der Sowjetunion haben die Kontinuität abendländischer Geschichte unterbrochen, weil niemand im Ernst die Verantwortung für sie übernehmen kann. [25]

Fazit: Totalitäre Herrschaft ist erheblich gefährlicher als die Tyrannis und alle antiken oder mittelalterlichen Formen der Gewaltherrschaft. Während die früheren Despoten ihre Untertanen „nur" dazu zwangen, die Macht des Tyrannen oder Alleinherrschers in allen Angelegenheiten des Staates anzuerkennen, dringen totalitäre Herrscher bis in das Privatleben der Menschen vor und durchdringen es ganz. Sie zwingen die Menschen in Massenorganisationen und kontrollieren ihr Handeln, manipulieren ihr Denken durch Massenmedien, hüllen sie in einen ideologischen Schleier und geben ihnen unter Androhung des Todes das Ziel ihrer Existenz im Rahmen der Weltgeschichte vor.

Das Ergebnis ist fatal. Die Menschen verlieren ihre Freiheit, ihr eigenes Denken, ihr Handeln und damit letztlich das, was ihr Menschsein ausmacht. Die Gefahr, sein eigentliches Menschsein zu verlieren, gibt es aber nicht nur im Totalitarismus, sondern, so Arendt, in allen modernen Massengesellschaften. Diesen provokativen Grundgedanken, dass auch in unserer modernen Welt, Jahre nach der Überwindung des Totalitarismus, ein Teil unseres Menschseins verloren geht, vertieft Arendt in ihrem philosophischen Hauptwerk *Vita activa oder Vom tätigen Leben*.

Die Vita activa und die höchste Form des menschlichen Handelns

Der Mensch ist, so Arendt, von Natur aus ein aktives, also ein handelndes Wesen. Die bisherige Philosophie hätte den Menschen immer nur als denkendes Wesen beschrieben. „Ich denke, also bin ich", sagte beispielsweise schon Descartes. Auch Kant hätte die höchste Bestimmung des Menschen im Gebrauch seiner Vernunft gesehen. In Wirklichkeit aber, so Arendt, sind wir Menschen wesensmäßig durch unser Tätigsein bestimmt:

[...] was ich vorschlage ist etwas sehr Einfaches, es geht mir um nichts mehr, als dem nachzudenken, was wir eigentlich tun, wenn wir tätig sind. [26]

Dabei unterscheidet Arendt in ihrem Hauptwerk *Vita activa oder Vom tätigen Leben* drei verschiedene Formen des Tätigseins: Das Arbeiten, das Herstellen und das Handeln.

Zunächst einmal muss jeder Mensch arbeiten, um seine Grundbedürfnisse zu befriedigen. Er muss beispielsweise kochen, abspülen, Wäsche waschen, staubsaugen, einkaufen, kochen und einem Broterwerb nachgehen, um das nötige Geld für Lebensmittel, Kleidung und Wohnung zu haben. *Arbeiten* ist also das wiederkehrende Bemühen für die Aufrechterhaltung dessen, was unser Körper zum Überleben braucht:

Arbeit entspricht dem biologischen Prozeß des menschlichen Körpers, der [...] sich von Naturdingen nährt, welche die Arbeit erzeugt und zubereitet, um sie als die Lebensnotwendigkeiten dem lebendigen Organismus zuzuführen. [27]

Der Mensch arbeitet im Grunde genommen schon seit der Steinzeit, als er erstmals auf die Jagd ging, Höhlen bewohnte, erste Felder und Gärten anlegte, bis er heutzutage auf moderne Landwirtschaft und Nahrungsmittelindustrie zurückgreift, um sein Leben zu erhalten. Obgleich eine notwendige Basis, ist das *Arbeiten*, so Arendt, dennoch die niedrigste Stufe unseres Tätigseins. Denn sowohl die Hausarbeit, als auch die Produktion der natürlichen Verbrauchsdinge sind nur wiederkehrende Tätigkeiten, von denen auf lange Sicht nichts übrig bleibt.

Die nächsthöhere Stufe unseres Tätigseins ist das *Herstellen*. Mit *Herstellen* meint Arendt die Produktion von künstlichen, nicht zur Natur gehörigen dauerhaften Dingen, mit denen sich der Mensch umgibt, also beispielsweise Kunstwerke wie Bilder, Statuen, Kathedralen, Musik und Literatur, aber auch technische Dinge wie Werkzeuge und Maschinen. Die *hergestellten* Kunstwerke, Objekte, Werkzeuge und Apparate geben der Welt Bestand:

Das Herstellen produziert eine künstliche Welt von Dingen, die sich den Naturdingen nicht einfach zugesellen [...] und von den lebendigen Prozessen nicht einfach zerrieben werden. [28]

Die höchste Stufe der menschlichen Entfaltung ist aber das *Handeln*. Unter *Handeln* versteht Arendt das besondere Tätigsein des Menschen, das im Zusammenspiel mit anderen Menschen zu politischer und gemeinschaftlicher Praxis führt. Arendt schwebt dabei der antike Politikbegriff des „Bonum commune" vor, des „Gemeinwohls". Das Handeln ist für Arendt deshalb so wichtig, weil es diejenige Tätigkeitsform ist, die ein friedliches Zusammenleben der Menschen ermöglichen kann. Es steht für die menschliche Freiheit und die Interaktion zwischen Individuen. Denn anders als das Arbeiten oder das Herstellen ist das Handeln völlig losgelöst von der Materie:

> Das Handeln ist die einzige Tätigkeit der Vita activa, die sich ohne die Vermittlung von Materie, Material und Dingen direkt zwischen Menschen abspielt. [29]

Im Unterschied zum *Arbeiten* und *Herstellen* unterliegt das *Handeln* auch keiner unmittelbaren Zweck-Mittel-Relation. Es kann und soll sich, da es dem Gemeinwohl dient, letztlich nur zwischen gleichen bzw. gleichberechtigten Menschen abspielen. Im gemeinsamen Handeln vollzieht sich die höchste Form des Menschseins:

> Handelnd und sprechend offenbaren die Menschen jeweils, wer sie sind, zeigen aktiv die personale Einzigartigkeit ihres Wesens [...]. [30]

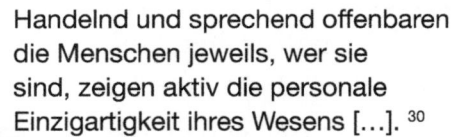

39

Das diskursive *Handeln* als höchste Form des Tätigseins, so Arendts Appell, sollten alle Bürger einer Demokratie stets im Auge behalten und praktizieren, als die ihnen zukommende Entfaltung und Vollendung der *Vita aktiva*. Doch dieser philosophische Entwurf des Menschen als einem *arbeitenden, herstellenden* und *handelnden* Wesen wurde von verschiedenen Seiten kritisiert. Zum einen sei Arendts Dreiteilung des menschlichen Tätigseins künstlich und ließe sich wegen zahlloser Überschneidungen nicht anwenden. Wie ist beispielsweise das Tätigsein von Forschern einzuordnen, die eine Erbkrankheit entschlüsseln und gegen den Willen der Pharmaindustrie ein gentechnisches Medikament entwickeln, das eine lebenslange Medikamenteneinnahme überflüssig macht? *Arbeiten* sie oder sind sie dabei, etwas neues Bleibendes *herzustellen* oder *handeln* sie interaktiv für das Allgemeinwohl?

Kritisiert wurde auch von Seiten der Frauenverbände und der politischen Linken, dass Arendt die einfachen und wiederkehrenden Arbeiten, wie die Hausarbeit oder die Arbeit der Bauern, geringschätzen und das politische Handeln überhöhen würde.

Arendt selbst ging es aber in ihrem Buch *Vita activa* weniger um die kritisierte Hierarchisierung der drei Tätigkeiten, als um das Aufzeigen ihrer historischen

Entwicklung. So sei das politische Handeln in den antiken griechischen Stadtstaaten noch der zentrale und selbstverständliche Bestandteil des Lebens gewesen. Aristoteles habe den Menschen zu Recht noch als „Zoon Politikon", als politisches Wesen, charakterisiert, dessen höchste Tugend das Bemühen um das Allgemeinwohl der Polis bzw. des Staates ist.

Im Mittelalter sei dann das *Herstellen* zur höchsten Aktivitätsform aufgestiegen. Und heute, in der modernen Massengesellschaft, stehen wir vor dem Phänomen, dass der Mensch nur noch *arbeitet* und konsumiert. Seit der industriellen Revolution wird der Mensch, so Arendt, auf die Produktion materieller Güter durch gesellschaftliche Arbeit reduziert. Es kommt zu einer Sinnentleerung. Statt aus dem *Handeln* gewinnt der Mensch sein Selbstwertgefühl jetzt nur noch aus der Arbeit. Doch selbst das *Arbeiten* ist im Kapitalismus keineswegs ein fester Bestandteil des Lebens. Automatisierung und konjunkturelle Krisen erschüttern das fragwürdige Leitbild der *Arbeitsgesellschaft*:

Was uns bevorsteht, ist die Aussicht auf eine Arbeitsgesellschaft, ...

41

... der die Arbeit ausgegangen ist, also die einzige Tätigkeit, auf die sie sich noch versteht. Was könnte verhängnisvoller sein? [31]

Arendt ist somit zugleich Kritikerin und Anwältin der politisch „abgehängten" Bevölkerung westlicher Demokratien. Es gilt die politische Sphäre des Handelns und damit des aktiven Lebens im Sinne der antiken Polis zurückzugewinnen:

Der Sinn des Politischen [...] ist, daß Menschen in Freiheit [...] miteinander verkehren, Gleiche mit Gleichen, die [...] alle Angelegenheiten durch das Miteinander-Reden und das gegenseitige Sich-Überzeugen regelten. [32]

42

Genau dieses lebendige politische *Handeln* ist uns aber, so Arendt, weitgehend verloren gegangen. Wir leiden im Grunde immer noch an derselben Problematik wie vor dem Zweiten Weltkrieg. Die moderne Massengesellschaft hat die Arbeit, das Wirtschaftswachstum und das Funktionieren des Staatsapparates zum obersten Ziel erhoben. Doch dieser Funktionalismus in allen Bereichen des Lebens bringt einen gefährlichen neuen Menschenschlag hervor: den weltlosen Menschen, der sich selbst und seine Arbeitskraft als Ware verkaufen muss und bereit ist, seinerseits den anderen zum Material zu degradieren. Alles und jeder muss funktionieren.

Gemessen am antiken Ideal der lebendigen Teilnahme an der Gestaltung der Polis, droht der moderne Mensch eine wichtige Dimension seines Menschseins zu verlieren. Er hört auf, selbst zu denken und zu *handeln*. Als eindringliches Beispiel für einen solchen Menschentyp, der nur noch funktioniert und sein eigenes Denken eingestellt hat, führt Arendt den nationalsozialistischen Beamten Adolf Eichmann an.

Der Fall Eichmann und die „Banalität des Bösen"

Eichmann hat, im weitgehend von Hitler besetzten Europa, als Leiter des Referates für die Vertreibung und Deportation der Juden auf Anweisung des Reichssicherheitshauptamtes (RSHA) den gesamten Bahn-Transport von schätzungsweise sechs Millionen Juden zu den Konzentrations- und Vernichtungslagern organisiert. Nach dem Krieg tauchte er mit falscher Identität in Argentinien unter, bis er vom israelischen Geheimdienst entführt und 1961 in Jerusalem vor Gericht gestellt wurde. Der Eichmann-Prozess erregte ähnlich wie Jahre zuvor der Nürnberger Kriegsverbrecherprozess weltweites Aufsehen. Arendt berichtete als Journalistin direkt aus dem Jerusalemer Gerichtssaal. Ben Gurion, der israelische Ministerpräsident, bezeichnete Eichmann in den Zeitungen bereits im Vorfeld als Monster, der Staatsanwalt als perversen Sadisten und Ungeheuer. Wegen der aufgeheizten Stimmung saß Eichmann während der gesamten acht Verhandlungsmonate, zu seiner Sicherheit von Polizisten bewacht, in einem Glaskasten.

Als Arendt den Angeklagten sah und seine Ausführungen hörte, war sie erstaunt über dessen absolute

Mittelmäßigkeit und seine pedantische Beamtenmentalität:

> Trotz der Bemühungen des Staatsanwalts konnte jeder sehen, daß dieser Mann kein „Ungeheuer" war, aber es war in der Tat sehr schwierig, sich des Verdachts zu erwehren, daß man es mit einem Hanswurst zu tun hatte. [33]

Eichmann erklärte, dass er kein Antisemit sei und persönlich nichts gegen Juden habe. Er habe lediglich seine Verwaltungsaufgaben pflichtbewusst ausgeführt:

> Vor allem sei die Anklage wegen Mordes falsch: „Ich hatte mit der Tötung der Juden nichts zu tun. Ich habe niemals einen Juden getötet, [...] ich habe überhaupt keinen Menschen getötet. Ich habe auch nie einen Befehl zum Töten eines Juden gegeben, auch keinen Befehl zum Töten eines Nichtjuden...Habe ich nicht getan." [34]

45

Als ein Zeuge aussagte, er hätte gesehen, wie Eichmann einen jüdischen Jungen getötet habe, geriet Eichmann zum ersten und einzigen Mal während des gesamten Prozesses völlig außer Fassung und stritt dies energisch ab. Er sei zu so etwas gar nicht in der Lage. Hätte man ihn zum Dienst in einem Konzentrationslager verpflichtet, hätte er sich augenblicklich das Leben genommen. Tatsächlich erwies sich die Anschuldigung später als haltlos und wurde von der Staatsanwaltschaft wieder zurückgezogen.

> Die Anklage [...] suchte immer wieder, wenigstens einen konkreten Mord oder Totschlag nachzuweisen. Vergeblich. [35]

Eichmann hatte in der Tat keinen einzigen Menschen mit eigener Hand getötet, er war als Organisator der Transporte ein reiner Schreibtischtäter. Arendt gebrauchte für diesen neuen Tätertyp das Wort „Verwaltungsmassenmörder". Und tatsächlich beschrieb Eichmann vor Gericht detailliert und prätentiös alle verwaltungstechnischen und dienstlichen Abläufe: wie er die Züge und Wagons von der Reichsbahn oder den entsprechenden Stellen der besetzten Gebiete anforderte, wie er die Kapazitäten berechnete, Namenslisten der zu deportierenden Juden erstellen ließ, Abfahrtszeiten der Züge festlegte und dabei versucht hat, deren Auslastung sicherzustellen, was oft nicht einfach gewesen sei. Umso länger man Eichmanns Ausführungen hörte, um so mehr musste man, so Arendt, zu dem Ergebnis kommen, das er kein machthungriger Charakter vom Schlage eines Macbeth war, kein Sadist und auch kein außerirdischer Dämon:

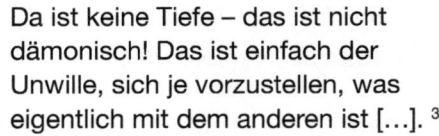

Da ist keine Tiefe – das ist nicht dämonisch! Das ist einfach der Unwille, sich je vorzustellen, was eigentlich mit dem anderen ist [...]. [36]

Eichmann leugnete nicht, dass er seit der Wannseekonferenz, an der er persönlich teilnahm, wusste, dass die Juden künftig Erschießungskommandos oder Vernichtungslagern zugeführt würden. Auch hätte er einige Male ein Vernichtungslager vor Ort

47

besichtigt, allerdings nie persönlich einer Tötung oder Ähnlichem beigewohnt. Dazu sei er gar nicht in der Lage gewesen. Immer wieder versuchte der Richter daraufhin Eichmann zu befragen, ob er bei seiner Tätigkeit denn gar kein schlechtes Gewissen gehabt und sich überlegt hätte, was er gegen die Massenmorde hätte tun können, von denen er ja von Anfang an wusste. Eichmann blieb dabei, dass ihm solche Überlegungen nicht gestattet gewesen seien, da er die Entscheidungen der höheren Behörde auszuführen hatte. Er habe zwar von der „Endlösung" auf der Wannseekonferenz erfahren, hätte aber nicht den geringsten Einfluss auf diese Entscheidung gehabt. Er sei bei der Konferenz nur der Schriftführer, also der Protokollant gewesen.

In seinem Amt und seiner Funktion habe er sich dann pflichtbewusst an die Anweisungen gehalten:

„Niemand", wiederholte er, „ist an mich herangetreten und hat mir Vorhaltungen gemacht wegen meiner Amtstätigkeit." [37]

48

Erst als im Mai 1945 keine Befehle mehr eintrafen, sei bei ihm eine „Weltuntergangsstimmung ausgebrochen", da ihm plötzlich niemand mehr sagte, was zu tun sei. Der Richter verzweifelte fast an der Art und Weise, wie Eichmann damit umging, dass er sich den Dienst einer Tötungsmaschinerie gestellt hatte, aber offenbar nur von seinen Routinehandlungen als Beamter zu erzählen wusste:

Verständigung mit Eichmann war unmöglich, nicht weil er log, sondern weil ihn der denkbar zuverlässigste Schutzwall gegen die Worte und gegen die Gegenwart anderer, und daher gegen die Wirklichkeit selbst umgab: absoluter Mangel an Vorstellungskraft. [38]

Eichmann hatte sich nie vorgestellt und an sich herangelassen, was er eigentlich tat. Sobald die Menschen in den Zügen waren, fiel ihr weiteres Schicksal nicht mehr in seinen Zuständigkeitsbereich, weshalb er sich darüber keine Gedanken mehr machte. Und genau darin, so Arendt, besteht die „Banalität des Bösen":

Es war gewissermaßen schiere Gedankenlosigkeit [...], die ihn dafür prädestinierte, zu einem der größten Verbrecher jener Zeit zu werden. [...] Daß eine solche

Realitätsferne und Gedankenlosigkeit [...] mehr Unheil anrichten können, als alle dem Menschen innewohnenden bösen Triebe zusammengenommen, das war in der Tat die Lektion, die man in Jerusalem lernen konnte. [39]

Im Prozess wurde Eichmann zu seiner konkreten Arbeit als Referatsleiter befragt. Eichmann beschrieb die Abläufe, wonach er im Prinzip in jedem europäischen Land die jeweiligen Transportkapazitäten angefragt und dann die Judenräte um die Auswahl und die Übergabe der entsprechenden Zahl von Juden gebeten habe. Die Judenräte waren infolge eines Dekrets von Heydrich in Polen und sukzessive allen anderen Ländern 1939 eingerichtet worden. Sie bestanden aus Rabbinern und anderen angesehenen Persönlichkeiten der jüdischen Gemeinden. Sie bildeten innerhalb des Ghettos eine Selbstverwaltung mit eigener jüdischer Polizei. Zuerst erstellten sie nur Listen aller Bewohner mit deren Alter, Adressen und Vermögensverhältnissen und organisierten die Verteilung und das Tragen der Judensterne. Ab 1941 hatten die Judenräte dann die Aufgabe, an der Verfolgung und Vernichtung ihres eigenen Volkes mitzuwirken, was im Rahmen des Eichmann-Prozesses nun zum Thema wurde:

Diese Rolle der jüdischen Führer bei der Zerstörung ihres eigenen Volkes ist für Juden zweifellos das dunkelste Kapitel in der ganzen dunklen Geschichte. [...] In Amsterdam wie in Warschau, in Berlin wie in Budapest konnten sich die Nazis darauf verlassen, daß

jüdische Funktionäre Personal- und Vermögenslisten ausfertigen, die Kosten für Deportation und Vernichtung bei den zu Deportierenden aufbringen, frei

gewordene Wohnungen im Auge behalten und Polizeikräfte zur Verfügung stellen würden, um die Juden ergreifen und auf die Züge bringen zu helfen – bis zum bitteren Ende [...]. 40

51

Tatsächlich standen die Judenräte bei der Auswahl und Auflistung der zu Deportierenden vor der tragischen Entscheidung, einige auszusuchen und zu opfern, um die anderen zu retten. In Lodz wurden Kinder in die Vernichtung geschickt, wobei alte Menschen und Kinder prinzipiell äußerst gefährdet waren, da sie nicht dem lebensrettenden Arbeitsdienst zugeführt werden konnten. Zu trauriger Bekanntheit kam auch der Fall des für Ungarn zuständigen Judenrates Dr. Kastner, der mit Eichmann über das zynische Angebot Himmlers, eine Million Juden gegen 10.000 Lastwagen einzutauschen, verhandelte. Schließlich wurden 1684 Juden gerettet, 476.000 geopfert.

Eichmann betonte während des Prozesses, wie wichtig für ihn eine gute Zusammenarbeit mit den Judenräten war, die er stets höflich und zuvorkommend behandelt habe. Arendt sah in dieser Aussage einen weiteren Hinweis auf die zweifelhafte Rolle der Judenräte. Sie hätten als religiöse und weltliche Führer ihres Volkes den Nazis niemals in so weitgehender Weise zuarbeiten dürfen:

Wäre das jüdische Volk [...] führerlos

52

gewesen, so hätte die „Endlösung" ein furchtbares Chaos [...] bedeutet [...] und die Gesamtzahl der Opfer hätte schwerlich die Zahl von viereinhalb bis sechs Millionen Menschen erreicht. [41]

Ohne präzise Listen mit Adressen, Alters-, Geschlechts- und Vermögensangaben und ohne die von der Judenpolizei vorgenommen Verhaftungen, hätten die Nazis keine Daten gehabt und zudem eigene Kräfte von der Front abziehen müssen. Die Arbeit der Judenräte sei letztlich fatal gewesen:

In Holland nämlich, wo der Joodsche Rad (Judenrat) sehr rasch [...] zu einem „Werkzeug der Nazis" wurde, sind insgesamt 103.000 Juden [...] unter Mitarbeit des Judenrats, deportiert worden. Von ihnen sind 519 übriggeblieben. Hingegen sind von den 20.000 - 25.000 Juden, die sich dem Zugriff der Nazis, und das hieß auch des Judenrats, entzogen und untertauchten, immerhin 10.000 am Leben geblieben. [42]

Im Eichmann-Prozess wurde im Rahmen der Zusammenarbeit Eichmanns mit den Judenräten auch Pinchas Freudiger, ein ehemaliges Mitglied des Budapester Judenrats, als Zeuge vernommen:

[...] nicht von ungefähr kam es während seiner Vernehmung zu dem einzigen schwerwiegenden Zwischenfall im Publikum: Die Menschen schrien auf ungarisch und jiddisch auf den Zeugen ein [...]. [43]

54

Sie beschimpften ihn, er habe den ahnungslosen Juden nicht geholfen oder geraten, vor der Deportation zu fliehen, obwohl er über die Tötungsmaschinerie genauestens Bescheid wusste:

> Freudiger, ein orthodoxer Jude, war heftig erregt: „Hier gibt es Leute, die sagen, daß niemand ihnen geraten hat zu fliehen. Aber von den Leuten, die geflohen sind, wurden 50 Prozent wieder eingefangen und getötet!" – 44

Arendt lässt diese Rechtfertigung Freudigers nicht gelten:

> [...] dagegen stehen 99 Prozent Todesopfer unter denen, die nicht zu fliehen versuchten. 45

Außerdem wäre Freudiger später selbst nach Rumänien geflohen und habe sich in Sicherheit bringen können. Letztlich, so Arendt, offenbarte das Verhalten von Freudiger und anderen jüdischen Autoritäten aus der Oberschicht, die mit Eichmann zusammengearbeitet haben, die

> Totalität des moralischen Zusammenbruchs [...], den die Nazis in allen [...] Schichten der Gesellschaft ganz Europas verursacht haben [...], nicht allein unter den Verfolgern, sondern auch unter den Verfolgten. [46]

Dieser komplette moralische Zusammenbruch zeigte sich auch noch einmal gegen Ende des Prozesses. Eichmann betonte trotz seiner Teilnahme an der Wannseekonferenz und seiner Mitwisserschaft an der Endlösung noch einmal, dass er sich keiner Schuld bewusst sei, denn er hätte als Referatsleiter immer nur seine Pflicht getan. Auf die Frage, ob er denn keine Möglichkeit gehabt hätte, sich aus seiner verhängnisvollen Position zurückzuziehen, antwortete er, dass eine mögliche Alternative der Selbstmord gewesen wäre, räumte aber ein, dass es vielleicht auch noch einen anderen Weg gegeben hätte:

56

In seiner Schlußbemerkung vor Gericht gab Eichmann zu, unter dem einen oder anderen Vorwand hätte er aus der Sache herausgekommen können, andere hätten das getan: [...] „Ich habe aber nicht zu denen gehört, die es für zulässig hielten". [47]

Eichmann wurde zum Tode verurteilt und am 31. Mai 1962 durch Erhängen hingerichtet. In seinem Gnadengesuch, das abgelehnt wurde, betonte er nochmals, dass er doch nur ein kleines Rädchen gewesen sei. Er verstehe, wenn Israel die großen und verantwortlichen Täter bestrafe, aber er habe doch als „Kleiner" nie irgendetwas entschieden und sei lediglich gehorsam gewesen. Es war im Grunde dieselbe Argumentation wie während der Verhandlung:

Eichmann hat Wutanfälle [...] produziert und hat gesagt: „Man hat uns doch versprochen, daß wir nicht zur Verantwortung gezogen werden.

Und nun bleibt alles an uns hängen [...]. Und die Großen [...] haben sich der Verantwortung entzogen". [48]

Bis zuletzt, so Arendt, zeigt sich in der Person Eichmanns die „Banalität des Bösen", die schlicht darin besteht, dass er als „kleiner Bürokrat" auf Anweisung von oben den Transport von Millionen Menschen in Zügen organisierte und gedankenlos deren weiteres Schicksal ausblendete. Eichmann sei aber letztlich schuldig und mit gutem Grund zum Tode verurteilt worden. Denn niemand habe das Recht, so Arendt, nur zu gehorchen. Eichmann bleibe auch als Bürokrat immer noch ein freier Mensch mit eigener Verantwortung und als Mensch stehe er vor Gericht. Man hätte ihm, so Arendt, Folgendes noch einmal sagen müssen:

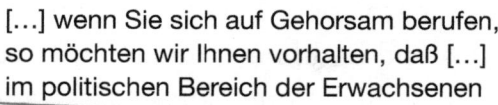

[...] wenn Sie sich auf Gehorsam berufen, so möchten wir Ihnen vorhalten, daß [...] im politischen Bereich der Erwachsenen

cas Wort Gehorsam nur ein anderes Wort ist für Zustimmung und Unterstützung. [49]

Und er habe als Beamter und als Mensch durch seinen Gehorsam eine Politik unterstützt, die das Ziel verfolgte, die Erde nicht mehr länger mit dem jüdischen Volk und einer Reihe anderer Völker zu teilen und selbige zu vernichten. Deshalb sei es niemandem zuzumuten, weiterhin mit ihm zusammenzuleben. Und, so Arendts Schlusssatz in ihrem Buch *Eichmann in Jerusalem – Ein Bericht von der Banalität des Bösen*:

Dies ist der Grund, der einzige Grund, daß Sie sterben müssen. [50]

59

Mit ihrer These von der „Banalität des Bösen" hat Arendt nach der Bucherscheinung in Amerika, Deutschland und Israel, in allen drei Ländern hochemotionale Reaktionen ausgelöst. Denn jetzt stellte sich eine ganz entscheidende Frage: Wenn erstens das „banale Böse" im Gehorsam und diensteifrigen, gedankenlosen Umsetzen der Anweisungen des NS-Regimes bestand und wenn zweitens Eichmann einer „war wie viele" und „erschreckend normal", gab es dann nicht auch eine Kollektivschuld? Oder muss man unterscheiden zwischen denen, die sahen und ängstlich wegschauten, den Mitläufern, und denen, die wie Eichmann selbst Täter wurden? Ab wann und an welcher Stelle hätten Millionen Menschen sich verweigern müssen? Wie viel Zivilcourage kann und muss man von jedem Einzelnen verlangen?

Arendt hatte nicht mehr und nicht weniger getan, als nach dem Kern der moralischen Verantwortung aller Beteiligten zu fragen. Damit stach sie mitten in ein Wespennest.

Die Legende vom dämonischen Bösewicht durchschauen und konstruktiv ersetzen

Als Arendt 1963 von ihrer Europareise zurückkehrte, merkte sie erst, was für einen ungeheuren Sturm der Entrüstung ihre Berichterstattung über den Eichmann-Prozess ausgelöst hatte. Zu ihrem eigenen Erstaunen stapelten sich bei ihr hunderte Briefe, Schmähungen, Drohungen und auch eine Vielzahl kritischer Stellungnahmen von Wissenschaftlern und Prominenten.

Sie hätte mit ihrer These von der „Banalität des Bösen" die Menschen, welche Angehörige in Konzentrationslagern verloren haben, tief verletzt und das größte Verbrechen der Geschichte als „Banalität" abgetan. Damit würde sie im Nachhinein den Nazi-Terror verharmlosen.

Insbesondere ihre Kritik an der Zusammenarbeit der Judenräte und deren Rolle in der nationalsozialistischen Vernichtungspolitik wurde ihr als Verleumdung und Verrat am eigenen Volk ausgelegt. Sie hätte damit sogar den Antisemiten Argumente in die Hand gegeben und die Opfer zu Tätern gemacht. Fast ausnahmslos alle jüdischen Organisationen in Amerika verurteilten ihr Buch aufs Schärfste. Es sei ein klarer Akt des Antizionismus. Ein Mitarbeiter des Staatsanwaltes Hausner aus dem Eichmann-Prozess verfasste sogar ein eigenes Buch, das Fehler in Arendts Darstellung nachweisen sollte. Er wurde dafür, wie Arendt später in Erfahrung brachte, direkt von der israelischen Regierung bezahlt. Aber auch der eng mit Arendt befreundete jüdische Philosoph Hans Jonas kritisierte sie heftig. Arendt hatte mit dieser Reaktion nicht gerechnet. Sie beteuerte, dass es sich bei ihrem Eichmann-Buch in erster Linie um einen Prozessbericht und somit um die Darstellung von Tatsachen und Fakten handle. In ihren Briefen an Jaspers und ihre Freundin Mary McCarthy beklagte sie sich über eine gezielte Hetzkampagne gegen ihre Person durch das „jüdische Establishment":

Ich habe, ohne es zu wissen, an das jüdische Stück unbewältigter Vergangenheit gerührt: Es sitzen überall noch, und vor allem in Israel, ehemalige Judenrätler in hohen und höchsten Positionen. [51]

Neben zahlreichen Angriffen gegen ihre Person gab es aber auch von wissenschaftlicher Seite Kritik. Im Mittelpunkt stand ihre These, dass die Hälfte der Juden erst durch die Mitarbeit der Judenräte zu Tode gekommen sei:

> Nach Freudigers Rechnung hätte etwa die Hälfte sich retten können, wenn sie den Anweisungen des Judenrats nicht gefolgt wäre. [52]

Arendt verweist exemplarisch auf die Zeugenaussage Freudigers und auf Zahlenangaben des niederländischen Institutes für Kriegsdokumentation. Genaue Zahlen kann es natürlich nicht geben. Denn es ist im Nachhinein schwierig, ja unmöglich, die hypothetische Frage zu beantworten, wie viele Menschen ohne die Kooperation der Judenräte tatsächlich in ganz Europa hätten gerettet werden können. Historiker gehen aber heute davon aus, dass Arendt diese Möglichkeit wohl zahlenmäßig überschätzt hat.

Hinsichtlich des zweiten Vorwurfs, dass Arendt mit ihrer Kritik am wenig couragierten Verhalten der Judenräte „Opfer zu Tätern" gemacht habe, bemühte sich Arendt selbst um eine Richtigstellung. Sie hätte niemals beabsichtigt, die gedankenlose Kooperation Eichmanns mit der tragischen Kooperation der Judenräte auf eine Stufe zu stellen. Die Judenräte seien eindeutig von den Nazis instrumentalisiert und im Unterschied zu Eichmann zur Zusammenarbeit gezwungen worden. Daher müsste man sie, trotz ihrer Kooperation, primär als Opfer und nicht als Täter ansehen. Auch seien viele Judenräte gegen Kriegsende selbst in Lager deportiert worden, wenn auch nicht in Vernichtungslager.

Allerdings blieb Arendt dabei, dass die Durchführung des Holocausts in seinem ganzen Ausmaß bei einem couragierteren Handeln der Judenräte hätte verzögert oder sabotiert werden können. Es mache, so Arendt, keinen Sinn, dies zu verdrängen:

[...] so glaube ich, daß wir mit dieser Vergangenheit nur fertig werden können, wenn wir anfangen zu urteilen, und zwar kräftig. [53]

64

Und zum Urteilen über geschehene Taten und zum Beurteilen der Vergangenheit gehört nach Arendt auch das Eingeständnis der „Banalität des Bösen":

[...] ein Phänomen, das zu übersehen unmöglich war. Eichmann war nicht Jago und nicht Macbeth [...]. Außer einer ganz ungewöhnlichen Beflissenheit, alles zu tun, was seinem Fortkommen dienlich sei, hatte er überhaupt keine Motive. [54]

Auch in diesem Punkt gab es Kritik. Arendt hätte übersehen, dass Eichmann in Wirklichkeit mehr war, als ein Rädchen im Getriebe und ein beflissener Beamter, der gedankenlos den Anweisungen von oben folgte. Er sei sehr wohl auch Antisemit und insofern Überzeugungstäter gewesen. Wenn er vor Gericht ausgesagt hat, dass er nichts gegen Juden habe, dann nur, um der Todesstrafe zu entgehen. Neuere Forschungen haben ergeben, dass Eichmann sich vor seiner Verhaftung in Argentinien noch zu seinem Antisemitismus bekannt hat. Auch seine eigenen Aufzeichnungen, die Arendt zur Zeit des Prozesses nicht kannte, lassen dies vermuten. [55]

Andrerseits hat Eichmann gegen Kriegsende einen Transport umgelenkt und 25.000 Juden vor der Vernichtung bewahrt, sowie immer wieder einzelnen Juden die Ausreise nach Palästina ermöglicht.

Aber selbst wenn Eichmann, was durchaus möglich ist, eine antisemitische Einstellung hatte und somit mehr als nur ein dienstbeflissener Beamter war, ist Arendts These von der „Banalität des Bösen" damit keinesfalls widerlegt. Eichmann mag vielleicht nicht zu einhundert Prozent das richtige Beispiel sein, dennoch verkörpert er den Typus des treuen Befehlsempfängers, der privat ein ganz normaler Familienvater war und am Ende doch zu einem der größten Massenmörder der Geschichte wurde.

Arendt erklärt uns, wie das scheinbar Unvereinbare zusammengeht, indem sie eine historisch neue Gestalt des Bösen enttarnt: den systemkonformen Bürokraten, dessen gedankenlose Pflichterfüllung zu millionenfacher Vernichtung führt. Die „Banalität des Bösen" sei letztlich keine Verharmlosung des Holocausts, sondern der Versuch, den Tatsachen gerecht zu werden. Der Holocaust als Konsequenz der Taten Eichmanns ist ohne Zweifel ungeheuerlich und absolut jenseits jeder Vorstellungskraft, aber die dahinterstehenden Motive sind von erschreckender Banalität und nur darum ging es Arendt. Alle Versu-

66

che des Staatsanwalts, Eichmann als perversen Sadisten zu überführen, ihn auf eine Stufe mit Hitler, Stalin und Dschingis Khan zu stellen, scheiterten ebenso wie die Dämonisierung.

Es ist absolut notwendig, so Arendt, mit der Legende aufzuräumen, Eichmann sei als Luzifer vom Himmel auf die Erde gefallen und hätte dort sein satanisches Werk vollbracht:

Nun, die Dämonisierung selber dient [...] dem Alibi. Man erliegt also dem Leibhaftigen, und infolgedessen ist man selber gar nicht schuld. [56]

Die Dämonisierung Eichmanns mag die Schuld momentan auf den Teufel abwälzen, bringt uns aber nicht weiter. Wenn es sich bei ihm tatsächlich um den personifizierten Teufel gehandelt hat, der sein radikal böses Wesen ausgelebt hat, dann lässt sich für die Zukunft nur hoffen, dass nicht wieder irgendwann ein Dämon vom Himmel herabsteigt oder aus der Hölle nach oben kommt, um die Menschen erneut heimzusuchen. So verfahrend hätte man, laut Arendt, nichts verstanden und könne aus Eichmanns

Taten nicht das Geringste lernen.

Auch wenn wir Eichmann als Perversen oder psychisch kranken Mörder stigmatisieren, ist das wenig hilfreich. Denn auch in diesem Fall bleibt uns nur zu hoffen übrig, dass es in absehbarer Zeit nicht wieder zu so einer schlimmen Erkrankung kommt.

Eichmann, so Arendt, war aber weder ein Psychopath noch ein außerirdischer Dämon. Er war ein ganz normaler Ehemann, Vater von vier Kindern mit christlicher Erziehung und mittelmäßiger Bildung. Er hatte keine Vorstrafen und wäre wahrscheinlich sein ganzes Leben lang nie mit dem Gesetz in Konflikt gekommen, hätte er nicht zu dieser Zeit in dieser Behörde seine Anweisungen bekommen und pedantisch ausgeführt:

Aus einer bedeutungs- und sinnlosen Allerweltsexistenz hatte ihn der Wind der Zeit ins Zentrum der „Geschichte" geweht [...]. 57

Um Karriere zu machen, erfüllte er seine Pflicht und stellte seine ganzen planerischen Fähigkeiten in den Dienst des Regimes.

68

[...] auch diese Beflissenheit war an sich keineswegs kriminell [...]. Er hat sich nur [...] *niemals vorgestellt, was er eigentlich anstellte.* [58]

Diese Tatsache der „Normalität" und „Durchschnittlichkeit" des Täters Eichmann gilt es sich einzugestehen und im nächsten Schritt zu fragen, wie es möglich gewesen ist, dass ein so durchschnittlicher Mensch zu einem Organisator des größten Massenmordes der Geschichte wurde. Nur wenn wir genau hinschauen, können wir daraus eine Lehre ziehen. Arendts Buch Eichmann in Jerusalem. Ein Bericht von der Banalität des Bösen war insofern tatsächlich nicht nur die Berichterstattung über den Prozess, sondern der Versuch zu verstehen, was zwischen 1933 und 1945 in Deutschland wirklich passierte, in einem Land, in dem sie geboren und aufgewachsen ist und das sie als das Land der Dichter und Denker kannte.

Nur wenn man sich wie Arendt ehrlich eingesteht, dass der NS-Terror kein vorübergehender Defekt der Geschichte und auch keine metaphysische Niederkunft des radikal Bösen war, sondern die Flucht ganz normaler Menschen vor der eigenen Verantwortung, die Unterwerfung unter Befehlsketten und die Weigerung, sich seines eigenen Verstandes zu bedienen, kann man sich der Wahrheit annähern und vielleicht die Antworten auf die drei Schlüsselfragen finden, die sich immer wieder stellen:

Erstens: Warum hat das so stolze preußische Offizierskorps Hitler so treu und tief ergeben gedient und erst im Juli 1944, als wirklich schon alles am Zusammenbrechen war, etwas gegen den, ihrer Meinung nach militärisch unfähigen, Gefreiten und seine menschenverachtende Politik unternommen?

Zweitens: Warum haben tausende deutsche Verwaltungsbeamte, Richter und Polizisten nichts gegen die Ausbreitung des Terrors zu tun gewagt und das NS-Regime stillschweigend oder sogar aktiv unterstützt?

Und drittens: Warum gab es, trotz mutiger Einzeltaten wie zum Beispiel der Gruppe um die Geschwister Scholl oder dem Handwerker Georg Elser, gemessen an der Gesamtbevölkerung von über 90 Millionen doch so wenig Widerstand in der Zivilbevölkerung?

Alle drei Antworten sind von unmittelbarer Bedeutung für unsere heutige Demokratie. Denn sie münden in der entscheidenden Frage: Sind wir heute entschlossener und couragierter, selbst zu urteilen, für die Menschenwürde einzustehen und Formen des Ungehorsams zu wagen?

Was nutzt uns Arendts Entdeckung heute?

Hat Arendt Recht – bedroht die „Banalität des Bösen" noch heute unsere Demokratie?

Arendt machte die große Entdeckung, dass der entscheidende Umbruch im zwanzigsten Jahrhundert nicht erst Hitlers Nationalsozialismus oder Stalins Kommunismus war, sondern das Aufkommen der Massengesellschaft. Die Bevölkerung Europas ist seit der Mitte des achtzehnten Jahrhunderts dramatisch angewachsen. Das Millionenheer der Menschen in Stadt und Land wird seitdem von neuartigen, hocheffizienten Bürokratien erfasst und verwaltet. Hierarchisch organisierte Ministerien zwingen die Menschen in ein festes Regelsystem. Es beginnt eine neue Epoche:

die Herrschaft des Niemand, die eigentliche Staatsform der Büro-kratie [...]. 59

72

Arendt schreibt hier Bürokratie bewusst mit einem Bindestrich, um das griechische Wort „Kratos", also „Macht" bzw. „Herrschaft" zu betonen. Denn unter der strengen „Herrschaft des Büros" verliert der Einzelne seine persönlichen Handlungsspielräume und wird seiner Verantwortung enthoben. So wächst auch die Gefahr, dass ganz normale Menschen von klein auf an den Gehorsam gewöhnt und zu Opportunisten und Rädchen im hierarchischen Apparat werden:

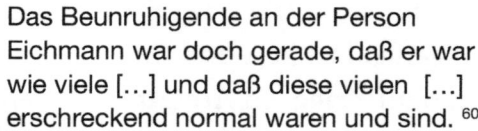

> Das Beunruhigende an der Person Eichmann war doch gerade, daß er war wie viele [...] und daß diese vielen [...] erschreckend normal waren und sind. [60]

Gibt es auch heute noch „einen Eichmann in uns allen"? Arendt hat diese Frage zunächst verneint:

> Ich habe keineswegs gemeint: Der Eichmann sitzt in uns, jeder von uns hat den Eichmann und weiß der Deibel was. [61]

73

Denn nicht jeder Mensch ist, so Arendt, ein potentieller Verwaltungsmassenmörder. Auch eine Kollektivschuld der Deutschen hat Arendt abgelehnt. Man müsse jeden Menschen unter dem Gesichtspunkt der jeweiligen Umstände seines Handelns beurteilen und dürfe nicht pauschal alle Deutschen aburteilen.

Allerdings macht die Tatsache nachdenklich, dass tausende Bürger, Beamte und fest angestellte Bürokraten das NS-Regime auf verschiedenen Ebenen mit großer Selbstverständlichkeit bis zuletzt unterstützt haben. Dabei verzichteten sie komplett auf ihr eigenes Denken und ihre eigene Menschlichkeit. Nach dem Krieg, so Arendt, beriefen sie sich darauf, unschuldig zu sein, denn sie hätten selbst nicht das Geringste entschieden:

> Immer und immer wieder beteuerten sie, niemals etwas aus Eigeninitiative getan zu haben; sie hätten keine wie auch immer gearteten guten oder bösen Absichten gehabt und immer nur Befehle befolgt. [62]

Die „Banalität des Bösen" liegt aber genau in dieser Mentalität der Unterordnung des modernen Mas-

74

senmenschen unter die Herrschaft der Bürokratie und somit unter die „Herrschaft des Niemand". Und genau das macht Arendts Kerngedanken so erschreckend aktuell. Die Deutschen, so meint Arendt, waren und sind nicht unmoralischer oder grausamer als andere Völker, aber sie haben eine sehr verhängnisvolle Tendenz, die Tendenz zu unbedingtem Gehorsam:

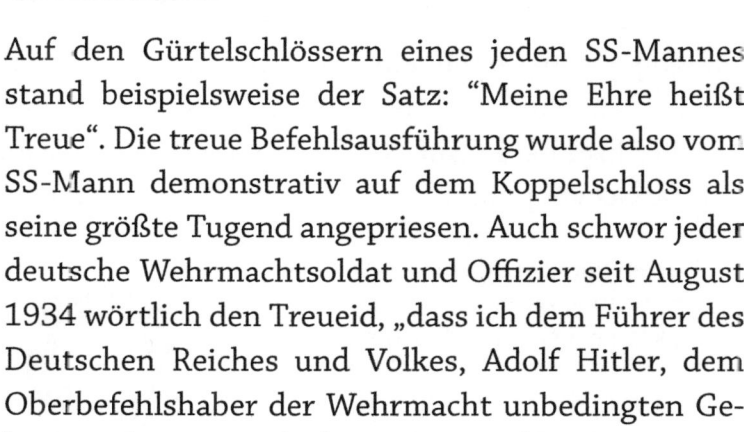

Ich bin nicht der Meinung, dass das deutsche Volk besonders brutal ist. […] was mir spezifisch deutsch scheint, ist diese geradezu verrückte Idealisierung des Gehorsams. [63]

Auf den Gürtelschlössern eines jeden SS-Mannes stand beispielsweise der Satz: "Meine Ehre heißt Treue". Die treue Befehlsausführung wurde also vom SS-Mann demonstrativ auf dem Koppelschloss als seine größte Tugend angepriesen. Auch schwor jeder deutsche Wehrmachtsoldat und Offizier seit August 1934 wörtlich den Treueid, „dass ich dem Führer des Deutschen Reiches und Volkes, Adolf Hitler, dem Oberbefehlshaber der Wehrmacht unbedingten Gehorsam leisten und als tapferer Soldat bereit sein

75

will, jederzeit für diesen Eid mein Leben einzusetzen."

Auf der Werteskala der Nazis wurde der absolute Gehorsam gegenüber Höhergestellten zur obersten Pflicht. Und daran fühlten sich die allermeisten gebunden. Selbst das stolze preußische Offizierscorps hat Hitler, obwohl es ihn von Anfang an für einen militärisch unfähigen Gefreiten hielt und seine desaströsen und inkompetenten Befehle verachtete, die Treue gehalten. Das Stauffenberg-Attentat, sowie einzelne befehlswidrige Handlungen von Offizieren der Teileinheiten, zum Beispiel die Verweigerung der totalen Zerstörung der gesamten deutschen Infrastruktur, fanden erst statt, als sich die militärische Niederlage unweigerlich abzeichnete.

Genau diese prinzipielle Gehorsamsleistung, die unabhängig vom Inhalt eines Befehls aus falsch verstandenem Pflichtgefühl heraus erbracht wird, dieses Funktionieren auf Befehl hat fatale Folgen im militärischen, politischen und öffentlichen Leben:

[...] ein Funktionär, wenn er wirklich nichts anderes ist, als ein Funktionär, ist wirklich ein sehr gefährlicher Herr. [64]

76

Als Selbstzweck, so Arendt, widerspricht der Gehorsam dem menschlichen Wesen und seiner Freiheit fundamental. Blinder Gehorsam ist sowohl in der Diktatur als auch in der Demokratie hochgefährlich:

Nur ein Kind gehorcht; [65]

Normalerweise kommt bedingungsloser Gehorsam nur im Kindesalter vor und hat auch nur dort seine Berechtigung. Das Kind muss beispielsweise blind gehorchen, wenn die Mutter ihm zuruft, nicht bei Rot über die Straße zu laufen oder auch in anderen Situationen, in denen das Überleben des Kindes vom Gehorsam abhängt. Für den Erwachsenen aber ist Gehorsam eine Eigenschaft, die er überwinden und durch Selbstverantwortung ersetzen muss:

Gehorchen in diesem Sinne tun wir, solange wir Kinder sind. Da ist es notwendig. [...] Aber die Sache sollte doch im vierzehnten, fünfzehnten Lebensjahr spätestens ein Ende haben. [66]

77

Spätestens in der Pubertät, so Arendt, muss jeder heranwachsende Mensch sich seiner eigenen Gestaltungskraft und Verantwortung bewusst werden. Es genügt dann nicht mehr, sich nur an Vorschriften zu halten. Der reine Legalismus, also das bloße Befolgen von Gesetzen und Regeln, bedeutet noch keine Legitimität oder Gerechtigkeit. Jeder muss für sich selbst die Frage beantworten, ist das was ich tue, richtig, falsch oder ungerecht? Deshalb können sich, so Arendt, weder Soldaten, noch Beamte auf den Treueid berufen, wenn sie Menschenrechte verletzen oder verletzt haben:

[...] die Berufung auf „Eid" und dass einem die Verantwortung abgenommen sei [...] hat [...] etwas empörend Dummes. [67]

Auch die Rechtfertigung von Millionen Deutschen, man hätte ja vieles gar nicht gewusst und vieles von dem, was man wusste, nicht gut geheißen, aber eben keine andere Wahl gehabt, lässt Arendt nicht gelten:

78

Es gab eine Alternative [...] und die hieß: Nicht mitmachen, selber urteilen [...]. [68]

Dabei muss man nicht unbedingt gleich sein Leben riskieren. Auch das „Nicht-Handeln" kann eine Form des politischen Widerstandes sein:

So gesehen sind jene, die nicht am öffentlichen Leben unter einer Diktatur teilgenommen haben, auch diejenigen, die sich geweigert haben, sie zu unterstützen [...]. Und wir brauchen uns nur [...] vorzustellen, was mit dieser Art von Regierungen passieren würde, wenn genügend Leute [...] die Unterstützung verweigerten [...]. [69]

79

Es gab, so Arendt, für den Widerstand eine ganze Bandbreite von Verhaltensweisen, die von Nicht-Unterstützung, Verzögerung, Krankmeldung, Verschleierung, heimlicher Sabotage bis hin zu aktivem Widerstand reichte. Man konnte immer und zu jeder Zeit versuchen, Sand im Getriebe zu sein, nicht zu kooperieren, Zeit zu gewinnen, niemanden zu verraten, dem einen oder anderen Verfolgten heimlich zu helfen oder den Weg zu weisen, wo er Hilfe finden kann. So haben beispielsweise die Dänen, trotz großem Druck des NS-Regimes, die Herausgabe der Juden auf allen Ebenen blockiert und verweigert. Wichtig ist dabei vor allem eines – die Entschlossenheit, dem eigenen Urteil zu vertrauen:

[…] selber urteilen: „Bitte schön, das mach' ich nicht mit. Ich setze nicht mein Leben ein, ich versuche, zu entkommen, ich versuche, wie ich um die andere Ecke komme. […] Aber ich mache nicht mit." [70]

80

Und, so Arendt, im Extremfall hätte man auch sagen können:

„Und falls ich gezwungen sein sollte mitzumachen, dann werde ich mir das Leben nehmen." Diese Möglichkeit gab es. [71]

Sein Leben zu riskieren oder im offenen Widerstand und Kampf zu opfern, kann man nicht von jedem verlangen. Doch die meisten Menschen, so Arendt, haben sich gar nicht erst die Frage gestellt, zu welcher Art von Widerstand sie in der Lage sind. Beispielsweise haben auch eine große Zahl von Beamten der Reichsbahn, die mit ihren Zügen Deportationen durchführten, ihre Dienstpläne akkurat erfüllt. Es ist tatsächlich kein einziger Fall eines Disziplinarverfahrens wegen Verweigerung der Transporte bekannt. Die Lokführer sahen sich nicht als „Personen" gefragt, sondern nur in ihrer Funktion als Lokführer:

81

Das größte begangene Böse ist das Böse, das von Niemandem getan wurde, das heißt von menschlichen Wesen, die sich weigern, Personen zu sein. [72]

Die Weigerung, Person zu sein und damit die Weigerung, selbst Verantwortung zu übernehmen, ist, so mahnt Arendt eindringlich, bis zum heutigen Tag ein gefährliches Muster der Massengesellschaft. Aber, so könnte man Arendt entgegenhalten: Haben wir nicht aus den Erfahrungen mit dem Totalitarismus gelernt? War nicht die Generation unserer Großväter viel autoritärer erzogen und daher anfälliger für blinden Gehorsam? Wird inzwischen nicht jede Autorität mit großer Skepsis und Misstrauen gesehen? Gerade die Nachkriegsgesellschaft, so könnte man meinen, ist viel zu aufgeklärt, als dass sie jemals wieder menschenverachtende Anweisungen befolgen oder ausführen würde. Das Milgram-Experiment belehrt uns eines Besseren.

Das Milgram-Experiment: Wie schnell verlassen wir moralische Grundsätze?

Die „Herrschaft des Niemand" und das arglose Befolgen von Vorschriften und Anordnungen gibt es tatsächlich bis heute. Sobald der Staat, eine Behörde oder auch eine wissenschaftliche Institution Anordnungen geben, werden diese oft gedanken- und widerstandslos ausgeführt, sogar dann, wenn sie den moralischen Empfindungen widersprechen.

Ein drastisches Beispiel hierfür lieferte das zu trauriger Berühmtheit gelangte „Milgram-Experiment". Der amerikanische Psychologe Stanley Milgram testete 1961 die Bereitschaft durchschnittlicher Personen, autoritäre Anweisungen korrekt auszuführen, obwohl sie in Widerspruch zu ihrem eigenen Gewissen stehen.

Er rekrutierte vierzig Testpersonen und erklärte ihnen, dass sie in der Rolle eines Lehrers an einem Experiment zur Steigerung des Lernerfolges teilnehmen und einen Schüler über eine Apparatur mit Stromschlägen bestrafen müssen, wenn dieser einen Fehler macht. Der Schüler hatte die Aufgabe, verschiedene Worte korrekt zusammensetzen. Es gehe, so erklärte man den Teilnehmern, bei dem Experiment lediglich darum, wissenschaftlich zu erforschen, ob sich bei dem Schüler durch den Einsatz von abgestuften Stromschlägen ein schnellerer Lernerfolg einstellen würde. Dazu habe man den Schüler an Elektrokontakte angeschlossen, so dass man ihn bei Fehlern mit leichten, bei wiederholten Fehlern mit stärkeren Stromeinheiten bestrafen kann, um ihn zu besseren Leistungen zu bewegen.

In Wirklichkeit wollte Milgram aber erforschen, wie weit die Testpersonen bei ihren Bestrafungen gehen würden. Das Ergebnis war für ihn, die Fachwelt und die weltweite Öffentlichkeit erschreckend.

Von vierzig beteiligten Testpersonen im ersten Experiment waren vierundzwanzig, also die große Mehrheit bereit, den Schüler mit immer stärker dosierten Elektroschocks durch das gesamte Programm hindurch bis in einen lebensgefährlichen Bereich zu quälen, also die Stromschläge bei jedem Fehler konstant um 15 Volt zu erhöhen, bis der Schüler bei 150 Volt schon vor Schmerz aufschrie und sich krümmte. Zwar waren die Stromschläge nicht echt und auch der Schüler in Wirklichkeit nur ein Schauspieler, doch kamen die Schmerzensschreie exakt in Reaktion auf den vermeintlichen Stromschlag, so dass die Testpersonen sie für echt halten mussten.

Wenn die Testpersonen hörten, welch fürchterliche Schmerzen sie dem Schüler mit ihrem Stromregler zufügten und verunsichert fragten, „Muss das wirklich sein?", antwortete der wissenschaftliche Versuchsleiter mit der standardisierten Antwort: „Bitte, fahren Sie fort!" oder: „Das Experiment erfordert, dass Sie weitermachen!"

Erreichte die Spannung nach wiederholten Stromschlägen hundertfünfzig Volt, schrie der Schüler nicht nur auf, sondern verlangte darüber hinaus, ihn auf keinen Fall weiter zu quälen und sofort von seinem elektrischen Stuhl loszubinden. Wenn die Versuchspersonen solchermaßen verunsichert, das Experiment abbrechen wollten, gab der Versuchsleiter jedes Mal die Anweisung: „Sie müssen unbedingt weitermachen! Ob es dem Schüler gefällt oder nicht, Sie müssen weitermachen, bis er alle Wörterpaare korrekt gelernt hat. Also bitte machen Sie weiter!" oder: „Sie haben keine Wahl, Sie müssen weitermachen".

Das Unglaubliche am Milgram-Experiment ist, dass diese Ansage des Wissenschaftlers im weißen Kittel tatsächlich ausreichte, dass die Mehrheit der Testpersonen dem Gefesselten gegen dessen Willen noch höhere Stromschläge verabreichten. Bei zweihundert Volt begann der Schüler so verzweifelt zu schreien, „dass einem das Blut in den Adern gefror". Bei dreihundert Volt weigerte er sich verzweifelt, weiterzumachen, da er nicht mehr könne. Bei über 330 Volt kam vom Schüler plötzlich überhaupt keine Reaktion mehr. Es herrschte völlige Stille, so dass man annehmen musste, er habe durch den Strom entweder das Bewusstsein verloren oder er sei tot. Wenn jetzt einzelne Testpersonen ein schlechtes Gewissen bekamen und erschreckt sagten, „man hört gar nichts mehr, da stimmt doch etwas nicht", und nach der Verantwortung fragten, sagte der Versuchsleiter den standardisierten Satz, „er übernehme die Verantwortung für alles was passiert".

Und tatsächlich haben die Probanden daraufhin noch einmal stärkere Stromstöße verabreicht, ohne zu wissen, welche Verletzungen sie dem bereits regungslosen Schüler damit zufügen. Das Ergebnis der Studie ist kaum fassbar. Bei 300 Volt haben gerademal fünf von vierzig Probanden abgebrochen, danach kam es nur noch zu vereinzelten Abbrüchen. Insgesamt 26 Testpersonen, also erschreckende 65 Prozent, sind bis zum Schluss dabeigeblieben und haben am Ende dem Schüler sogar 450 Volt verabreicht.

Volt	bis 300	300	315	330	345	360	375	390 - 435	450
Anzah Abbrüche	0	5	4	2	1	1	1	0	26

Die Autorität des vermeintlichen Wissenschaftlers im weißen Kittel genügte also, damit die allermeisten Testpersonen trotz schlechten Gewissens bis 450 Volt weiterfolterten, obwohl der Schüler schon bei 150 Volt entsetzlich stöhnte und um Abbruch flehte und bei über 300 Volt offensichtlich das Bewusstsein verloren hatte. Das Aufsehen erregende Experiment von Milgram wurde zunächst von ihm selbst, dann von einer Vielzahl anderer Forscher in Kontrollversuchen wiederholt, bestätigt und in über zwanzig verschiedenen Variationen durchgeführt. So hat man beispielsweise in einer neuen Versuchsanordnung die Erteilung der Stromschläge erlebnisnäher gestaltet, so dass die Testpersonen, mit einem Handschuh geschützt, die Hand des verängstigten Schülers aktiv auf den Stromabnehmer drücken mussten. Hier war die Abbruchquote zwar höher, dennoch haben immer noch 30 Prozent die Bestrafungen bis zum Ende durchgeführt.

Auch erteilten weibliche Testpersonen die Stromschläge in genau derselben Härte und Häufigkeit wie ihre männlichen Vorgänger, so dass man keine geschlechtsspezifischen Unterschiede hinsichtlich der bedingungslosen Gehorsamsleistung feststellen konnte.

Die zentrale Erkenntnis der Untersuchungen war, so Milgram, dass ganz gewöhnliche Menschen, selbst wenn sie keinerlei persönliche Feindschaft empfinden, allein durch Anweisungen eines Wissenschaftlers zu Handlungen in einem Vernichtungsprozess veranlasst werden können.

Im Hinblick auf Arendts Entdeckung der „Banalität des Bösen", zeigt das Milgram-Experiment letztlich zweierlei. Zum einen wird deutlich, dass auch moderne Menschen dazu neigen, Autoritäten anzuerkennen und diesen blind zu gehorchen. Zum anderen, dass sich Menschen, die anderen lebensgefährliche Verletzungen zufügen, selbst dafür nicht verantwortlich fühlen, wenn sie auf Anordnung handeln. Schließlich, so die Testpersonen, hätten sie den Schüler nur im Auftrag des Experimentleiters gequält und dessen Urteil vertraut. Als Privatmenschen hätten sie das nie getan.

Wie gefährlich eine derartige Abspaltung des privaten Urteilens und Handelns vom offiziellen ist, zeigt die groteske Aussage von Arthur Greiser, dem ehemaligen NS-Gauleiter des Warthegaus vor einem polnischen Kriegsverbrechergericht. Er habe immer versucht, Dienst und Privatleben zu trennen:

[...] seine „offizielle Seele" habe die Verbrechen ausgeführt, [...] seine „private Seele" sei stets dagegen gewesen. [73]

Das Problem, so Arendt, ist aber genau diese Haltung, dass viele Menschen ihr eigenes Denken und ihre Seele von ihrem offiziellen Handeln abkoppeln und einen Unterschied machen zwischen dem, was sie für richtig halten und dem, was sie sie tun:

Diese Indifferenz stellt moralisch und politisch die größte Gefahr dar, auch wenn sie weit verbreitet ist. Und damit verbunden [...] ist [...] die Tendenz, das Urteilen überhaupt zu verweigern. [...] Darin liegt der Horror des Bösen und zugleich seine Banalität. [74]

89

Das Milgram-Experiment bestätigt also die ungeheure Aktualität von Arendts Entdeckung der „Banalität des Bösen". Moralisch katastrophale Taten können tatsächlich schlicht und einfach durch Gehorsam entstehen. Was heißt das aber für uns? Welche Konsequenzen können und müssen wir daraus für eine moderne Demokratie ziehen? Wie entkommen wir der Gehorsamkeitsfalle?

Die Grenzen des Legalismus und die Pflicht zum Widerstand

Wenn bei den meisten Menschen das Gehorchen und das Handeln nach Vorgaben fremder Autoritäten so sehr ausgeprägt ist, dass sie selbst bei Gewissensbissen nicht aufbegehren, sollte die Pflicht zum Widerstand vielleicht schon den Kindern von klein auf nahegebracht werden:

Es wäre viel gewonnen, wenn wir das bösartige Wort „Gehorsam" aus dem Vokabular unseres moralischen und politischen Denkens streichen könnten. [75]

90

Womöglich brauchen wir eine ganz neue Pädagogik und sollten uns beispielsweise davor hüten, ein Kind für das Befolgen von Anweisungen als „Braves Kind!" zu loben. Aus der Entwicklungspsychologie und Psychoanalyse wissen wir längst, dass eine stark autoritäre Erziehung der Kleinkinder häufig einen devoten Charakter beim erwachsenen Menschen zur Folge hat.

Brauchen wir womöglich generell eine ganz neue Kultur des Widerstandes? Haben wir es versäumt, nach den Erfahrungen des Totalitarismus „Zivilcourage" als Schulfach einzuführen? Muss nicht Bürgern aller Generationen immer wieder in Auffrischungskursen nahegelegt werden, dass sie prinzipiell keinem Staat, keiner Regierung, auch nicht der eigenen Verwaltung, blind vertrauen dürfen? Wie kann der Staat seinen Bürgern die so wichtige Fähigkeit des Ungehorsams und der Verweigerung nahebringen?

Solche Fragen klingen erst einmal realitätsfremd. Denn natürlich ist gerade der Staat daran interessiert, seine heranwachsenden Bürger in Schulen und Universitäten zu Pflichterfüllung und zur Einhaltung aller Gesetze zu erziehen. Und natürlich erscheint es absurd, dass ein Staat seine Bürger in regelmäßigen Abständen zu zivilem Ungehorsam ermutigt. Und dennoch hat ein solches Gedankenexperiment, in dem Widerstand zum Lernziel erhoben wird, einen wahren Kern. So liegt es tatsächlich nahe, bereits unsere Schüler von Beginn der Schullaufbahn an zu Kritik, eigenem Urteilen und selbstbestimmtem Handeln zu ermutigen.

Viel zu selten sind die Geschwister Scholl an den Schulen verbindlicher Unterrichts- und Prüfungsstoff. Es wäre ratsam, unsere Schüler so früh als möglich mit Exkursionen zu den Schauplätzen des Widerstandes zu führen und sie hautnah mit jenen Personen bekannt zu machen, die ihr Leben für das Recht, selbst zu denken und zu handeln, eingesetzt haben.

Nicht nur in den Fächern Ethik und Philosophie, sondern auch im Geschichts- und Deutschunterricht, muss endlich die „Banalität des Bösen", die Gehorsamkeitsfalle und die Wichtigkeit der eigenen Urteilsbildung einen gebührenden Platz einnehmen. Dazu können wir uns auf das besinnen, was Arendt für sich selbst versucht hat umzusetzen:

Denken ohne Geländer [76]

92

Was bedeutet das genau? Wie können wir unabhängig von ideologischen Geländern und ohne Bevormundung zwischen gut und böse unterscheiden? Wie kommen wir zu einem eigenen Urteil?

Dieser wichtigen Frage hat Arendt ihr letztes großes Werk gewidmet, das erst nach ihrem Tod fragmentarisch veröffentlicht wurde: *Vom Leben des Geistes*. Es sollte drei Teilbände enthalten: *Das Denken, Das Wollen, Das Urteilen*. Den dritten und vielleicht wichtigsten Band, *Das Urteilen*, konnte Arendt nicht mehr erstellen, da sie 1975 an einem Herzinfarkt verstarb. Allerdings notierte sie noch das Motto, das sie der Abhandlung voranstellen wollte:

Victrix causa diis placuit, sed victa Catoni. –
Die siegreiche Sache gefiel den Göttern, die unterlegene aber gefällt Cato. [77]

Arendt wollte damit sagen, dass wir genau wie der berühmte römische Senator und Redner Cato nicht den

Göttern, sondern unserem eigenen Urteil vertrauen sollten, selbst dann, wenn das Urteil der Götter anders ausfällt als unser eigenes. Es waren die letzten Zeilen, die Arendt in ihrem Leben schrieb.

Die Frage, wie der Mensch unabhängig von Göttern, Religion und Ideologie zu einem eigenen Urteil kommen kann, beschäftigte Arendt schon seit ihrem Totalitarismus-Buch. In ihrem Spätwerk verweist sie auf das platonische „stumme Zwiegespräch", das eine wichtige Grundlage des Urteilens bildet. Wenn wir uns nämlich fragen, ob etwas gut oder böse ist und ein moralisches Urteil fällen, müssen wir prüfen, ob wir mit unserem Urteil selbst im Reinen sind. Die innere Harmonie, wie sie auch schon der griechische Philosoph Platon in seinem Dialog *Georgias* einfordert, ist nach Arendt dabei ein wichtiger Ratgeber:

Es wäre besser für mich [...] daß noch so viele Menschen mit mir uneins wären, als daß ich, *der ich Einer bin*, nicht im Einklang mit mir selbst sein, und mir widersprechen sollte. [78]

94

Zuerst muss ich mich aus dem ruhelosen Getriebe um mich herum herausnehmen und im inneren Gespräch meine Gedanken ordnen und zu einem Urteil kommen, mit dem ich mich voll und ganz in Einklang fühle. Soweit stimmt Arendt mit Platon und Sokrates überein. Während aber Platon das Denken noch als „Gespräch der Seele mit sich selbst" bezeichnet und somit als einen Dialog mit der zeitlosen Idee des Guten, Wahren und Schönen, spricht Arendt stattdessen vom „Gespräch des Geistes mit sich selbst". Arendt geht es um ein diesseitiges und lebenszugewandtes Denken:

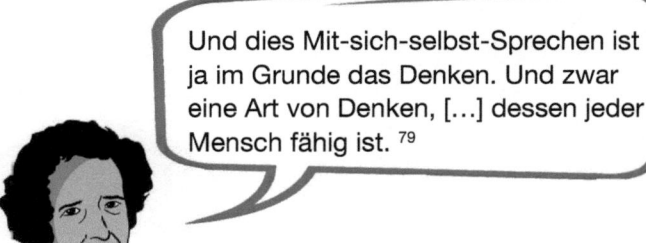

Und dies Mit-sich-selbst-Sprechen ist ja im Grunde das Denken. Und zwar eine Art von Denken, [...] dessen jeder Mensch fähig ist. [79]

In einem zweiten Schritt sollte das Ergebnis des Denkens, beziehungsweise das gewonnene Urteil mit anderen ausgetauscht werden. Es ist unumgänglich und im Wesen des Menschen angelegt, sich mitzuteilen und seine Urteile diskursiv und streitbar mit anderen auszutauschen. In diesem Drang, sich mitzuteilen und mit den anderen zu verständigen – und sei es auch in einer lebhaften Streitkultur – sieht Arendt zugleich das tiefe Suchen nach Sinn, das im Denken selbst eingelassen ist.

Das Denken ist jederzeit für jeden Menschen möglich. Steht man vor der Frage, ob etwas noch mit dem eigenen Gewissen vereinbar ist oder nicht, sollte man der Kraft des Denkens vertrauen:

Der Wind des Denkens [...] ist die Fähigkeit recht und unrecht, schön und häßlich zu unterscheiden. Und diese kann [...] in der Tat Katastrophen verhindern [...]. [80]

Arendts Vermächtnis: Niemals das Denken allein dem Staat überlassen!

Arendts zentrale Botschaft ist eng mit ihrem Leben verbunden und gewinnt gerade dadurch ihre besondere Strahlkraft. Als Deutsche aus einer jüdischen Familie mit kirchenunabhängigen Eltern besuchte sie das Gymnasium in Königsberg, begeisterte sich für die Philosophie von Immanuel Kant, verliebte sich als Studentin in den Philosophieprofessor Heidegger und hatte lebenslang eine tiefe Freundschaft mit Karl Jaspers. Als Journalistin arbeitete sie engagiert bei der Frankfurter Zeitung. Hautnah musste sie dann die schrittweise Verwandlung ihrer Heimat in eine Diktatur miterleben, erst nach Frankreich und dann in die USA fliehen. Weitaus schlimmer aber als den aufkommenden Antisemitismus und den Wahlsieg der verfeindeten Nazis 1933 empfand Arendt die plötzliche Verwandlung der Menschen, die ihr nahestanden:

Das Problem, das persönliche Problem war doch nicht etwa, was unsere Feinde taten, sondern was unsere Freunde taten. [81]

97

Die meisten Freunde haben ohne direkte Bedrohung, also noch bevor Hitler seinen Terror voll entfalten konnte, sich selbst einer Art „freiwilligen Gleichschaltung" unterzogen. Aus Bequemlichkeit oder Mangel an Courage vermieden sie zunehmend den Kontakt mit Juden:

[...] das war, als ob sich ein leerer Raum um einen bildete. [82]

Entsetzt musste Arendt miterleben, wie sogar ihre leidenschaftliche Jugendliebe, Martin Heidegger, 1933 in die NSDAP eintrat und sich wie so viele Akademiker den neuen Verhältnissen anpasste:

Und ich konnte feststellen, daß unter den Intellektuellen die Gleichschaltung sozusagen die Regel war. [83]

98

Die nächste einschneidende Erfahrung machte sie 1942 im amerikanischen Exil, als sie erstmals von den Vernichtungslagern erfuhr:

Das war wirklich, als ob der Abgrund sich öffnet. [84]

In ihrer Heimat Deutschland vollzog sich der größte Massenmord der Geschichte, ohne dass die Zivilgesellschaft, die geistigen und traditionellen Eliten oder die Arbeiterschaft dagegen aufbegehrten. Arendt hatte allen Grund, an der Demokratie, der Wissenschaft und den Menschen zu verzweifeln. Doch sie tat das Gegenteil. Statt nach dem Krieg in Resignation oder Bitterkeit zu verfallen, sah sie genau hin – auch dort, wo viele wegschauten oder übermächtige dämonische Kräfte heraufbeschworen:

Ich will verstehen. [85]

Schonungslos thematisierte sie alles – den Verwaltungsmassenmord, die Ausrede, bloß Befehle ausgeführt zu haben, den geringen oder fehlenden Widerstand der Wehrmacht und deutschen Bevölkerung und die Rolle der Judenräte. Dafür wurde sie von verschiedensten Seiten massiv angegangen. Ihr eigener Stiefvater sprach zwischenzeitlich nicht mehr mit ihr und der ihr nahestehende Historiker Scholem, mit dem sie zusammen im französischen Exil war, meinte, es fehle ihr an „Liebe zum jüdischen Volk". Arendts Antwort spricht für sich:

> Erstens habe ich nie in meinem Leben irgendein Volk oder Kollektiv „geliebt" [...]. Ich liebe in der Tat nur meine Freunde [...]. Zweitens aber wäre mir Liebe zu den Juden, da ich selbst jüdisch bin, suspekt. Ich liebe mich nicht selbst [...]. [86]

Arendt war zweifellos eine sehr starke Persönlichkeit, eine Weltbürgerin, eine streitbare und mutige Außenseiterin, die bereit war, sich mit allen und jedem anzulegen, wenn es ihr um die Wahrheit ging. So hat sie auch den neu gegründeten Staat Israel wegen der Vertreibung von 850.000 Arabern und wegen des Massakers an der palästinensischen Bevölkerung im Dorf Deir Yasin scharf kritisiert, die Sowjetunion wegen der Niederschlagung des Ungarnaufstandes, die US-Regierung wegen des Vietnamkrieges und die Adenauer-Regierung wegen der Nicht-Verfolgung und viel zu geringen Bestrafung ehemaliger NS-Funktionäre durch die Justiz. Überall, wo sie Unrecht erkannte, meldete sie sich ohne vorauseilende Parteinahme zu Wort. 1971 schrieb sie ein Buch mit dem Titel *Die Lüge in der Politik* und warnte nach der Analyse der „Pentagon-Papiere" ausdrücklich vor den strategischen Lügen im demokratischen Politik-Betrieb:

Lügen erscheinen dem Verstand häufig viel einleuchtender und anziehender als die Wirklichkeit,

weil der Lügner den großen Vorteil hat, im voraus zu wissen, was das Publikum zu hören wünscht. [87]

Nicht nur in Diktaturen, so Arendt, sondern ebenfalls in demokratischen Staaten, wird gelogen. Das gilt leider auch noch Jahrzehnte nach Arendts Warnung. Sogar Kriegsgründe, wie beispielsweise der angebliche Chemiewaffenbesitz des Irak, erwiesen sich hinterher als Lüge.

Arendts zentrale Botschaft, für die sie selbst mit ihrem Engagement ein Leben lang einstand, ist gerade heute von größter Wichtigkeit: Demokratie und Menschenwürde sind nichts Selbstverständliches oder gar Gesichertes. Sie bedürfen ständiger Aufmerksamkeit und Einmischung. Das vielleicht unbequemste Erbe, das uns Arendt hinterlässt, ist die persönliche Frage: Wie viel Zivilcourage habe ich selbst?

Wo beginnt mein Widerstand? Wir alle vollbringen im Alltag zahlreiche Anpassungsleistungen. Nicht nur in der Arbeit sagt man lieber mal nichts, als ein Wort zu viel. Wir müssen uns also darüber im Klaren sein, dass jeder Einzelne von uns Gefahr laufen kann, der „Banalität des Bösen" zu verfallen. Es besteht, wie Arendt gezeigt hat, in Massengesellschaften immer eine unterschwellige Tendenz, sich dem großen Ganzen anzupassen, Recht und Unrecht nicht mehr klar zu unterscheiden und gedankenlos staatlichen Verordnungen zu folgen:

Ohne diesen Typen der intellektuellen Gedankenlosigkeit auf der einen Seite, wie dem Typus des respektablen Mitmachens [...] auf der anderen, wäre die ganze Geschichte nie richtig ins Rollen gekommen. [88]

Sind wir heute couragierter, Unrecht klar zu benennen und dagegen aufzubegehren, insbesondere dann, wenn wir fürchten müssen, dafür bestraft zu werden? Gerade diese Frage und das Eingestehen des Anpassungsdrucks in unserer modernen Massengesellschaft macht Arendts Aufruf zur Zivilcourage so persönlich und ergreifend:

[...] die lebendige Menschlichkeit eines Menschen [nimmt] in dem Maße ab, in dem er auf das Denken verzichtet. [89]

103

Ein Mensch, der nicht denkt, gleicht letztlich einem Schlafwandler, der durchs Leben geht, ohne seine Verantwortung als Bürger zu übernehmen. Arendts Appell an uns, auch unter repressiven Bedingungen selbst zu denken, zu urteilen und zu handeln, ist mehr als nur eine Ermutigung, politisch zu werden. Es ist in gewissem Sinne die eigentliche Geburt unseres Menschseins. Denn, so Arendt, erst wenn wir uns sprechend und handelnd in der Welt einbringen, werden wir lebendig:

Sprechend und handelnd schalten wir uns in die Welt der Menschen ein, die existierte, bevor wir in sie geboren wurden, und diese Einschaltung ist wie eine zweite Geburt, in der wir die nackte Tatsache des Geborenseins bestätigen, gleichsam die Verantwortung dafür auf uns nehmen. 90

Zitatverzeichnis

1 Zitat, Hannah Arendt, Menschen in finsteren Zeiten, hrsg. von
   Ursula Ludz, Piper Verlag, München 2001, S. 19, im Folgenden
   zitiert als „Menschen in finsteren Zeiten"
2 Zitat, Martin Heidegger, in: Hannah Arendt, Brief an Blücher
   vom 8. Februar 1950, in: Hannah Arendt/Heinrich Blücher,
   Briefe, hrsg. von Lotte Köhler, Piper Verlag, München 1996, S. 208
3 Zitat, Hannah Arendt, Elemente und Ursprünge totaler Herrschaft.
   Antisemitismus, Imperialismus, totale Herrschaft, Piper Verlag,
   München 2017, S. 978, im Folgenden zitiert als
   „Elemente totaler Herrschaft"
4 Zitat, Elemente totaler Herrschaft, S. 667
5 Zitat, Menschen in finsteren Zeiten, S. 19
6 Zitat, Elemente totaler Herrschaft, S. 405
7 Zitat, Hannah Arendt, Vita activa oder Vom tätigen Leben,
   Piper Verlag, München 2016, S. 51, im Folgenden zitiert als
   „Vita activa"
8 Zitat, Hannah Arendt, Eichmann in Jerusalem, Ein Bericht von der
   Banalität des Bösen, Piper Verlag, München 2017, S. 400,
   im Folgenden zitiert als „Eichmann in Jerusalem"
9 Zitat, Eichmann in Jerusalem, S. 56
10 Zitat, Eichmann in Jerusalem, S. 326
11 Zitat, Hannah Arendt, Joachim Fest, Eichmann war von
   empörender Dummheit: Gespräche und Briefe, Piper Verlag,
   München 2011, hrsg. von Ursula Ludz und Thomas Wild, S. 44,
   im Folgenden zitiert als „Gespräche und Briefe"
12 Zitat, Hannah Arendt, Diskussion mit Freunden und Kollegen in
   Toronto, in: Hannah Arndt, Ich will verstehen. Selbstauskünfte zu
   Leben und Werk, hrsg. von Ursula Ludz, München 1996,
   S. 71-113, S. 110, im Folgenden zitiert als „Ich will verstehen"
13 Zitat, Elemente totaler Herrschaft, S. 944
14 Zitat, ebenda
15 Zitat, ebenda, S. 678

16 Zitat, ebenda, S. 977
17 Zitat, ebenda, S. 499
18 Zitat, ebenda, S. 955 f.
19 Zitat, ebenda, S. 967 f.
20 Zitat, ebenda, S. 951
21 Zitat, ebenda, S. 968
22 Zitat, Hannah Arendt, Macht und Gewalt, Piper Verlag,
    München 1995, S. 56 f., im Folgenden zitiert als „Macht und Gewalt"
23 Zitat, Arendt, Elemente totaler Herrschaft, S. 731
24 Zitat, ebenda, S. 844
25 Zitat, ebenda, S. 946
26 Zitat, Arendt, Vita activa, S. 14
27 Zitat, ebenda, S. 16
28 Zitat, ebenda
29 Zitat, ebenda, S.17
30 Zitat, ebenda, S. 219
31 Zitat, ebenda, S. 13
32 Zitat, Hannah Arendt, Was ist Politik?, Fragmente aus dem
    Nachlaß, hrsg. von Ursula Ludz, Piper Verlag, München 2003, S. 39
33 Zitat, Eichmann in Jerusalem, S. 132
34 Zitat, ebenda, S. 94
35 Zitat, ebenda, S. 326
36 Zitat, Hannah Arendt, Gespräche und Briefe, S. 44
37 Zitat, Eichmann in Jerusalem, S. 226
38 Zitat, ebenda, S. 126
39 Zitat, ebenda, S. 57
40 Zitat, ebenda, S. 209
41 Zitat, ebenda, S. 218 f.
42 Zitat, ebenda, S. 219
43 Zitat, ebenda, S. 217
44 Zitat, ebenda
45 Zitat, ebenda
46 Zitat, ebenda, S. 219
47 Zitat, ebenda, S. 179
48 Zitat, Arendt, Gespräche und Briefe, S. 46
49 Zitat, Eichmann in Jerusalem, S. 404
50 Zitat, ebenda

51 Zitat, Arendt, Brief an Karl Jaspers vom 20. Juli 1963,
    in: Hannah Arendt, Karl Jaspers, Briefwechsel 1926 – 1969,
    Piper Verlag, hrsg. von Lotte Köhler und Hans Saner, München 1987,
    S. 546
52 Zitat, Eichmann in Jerusalem, S. 219.
53 Zitat, Hannah Arendt, in: Hannah Arendt, Gershom Scholem,
    Der Briefwechsel: 1939-1964, hrsg. von Marie Luise Knott,
    Jüdischer Verlag im Suhrkamp Verlag, Berlin 2010, S. 441,
    im Folgenden zitiert als „Briefwechsel mit Scholem"
54 Zitat, Arendt, Eichmann in Jerusalem, S. 56
55 Vgl. dazu Bettina Stangneth, Eichmann vor Jerusalem.
    Das unbehelligte Leben eines Massenmörders, Rowohlt Verlag,
    Hamburg 2014

    Die Kritiker Arendts verweisen u.a. darauf, dass Eichmann in einem
    Interview in Argentinien mit dem holländischen Journalisten Sassen,
    der selbst SS-Offizier war, sich durchaus zu seinen Taten bekannt
    habe und stolz darauf gewesen wäre „fünf Millionen Juden auf dem
    Gewissen zu haben". Franziska Augstein behauptet deshalb, Arendt
    hätte das Eichmannbuch anders geschrieben, wenn sie das Sassen-
    Interview gekannt hätte. Markus Arnold hingegen weist darauf hin,
    dass sie das Interview aus der englischen Version des Abdrucks in der
    Zeitschrift ‚Life' nachweislich kannte, aber zu einer andern Ein-
    schätzung von Eichmanns antisemitischen Äußerungen gekommen
    sei: „Arendt sah in solchen Sätzen [...] nur die Eitelkeit Eichmanns,
    der sich gegenüber dem Antisemiten Sassen mit radikalen Phrasen
    schmückte, so wie er im Prozess gegenüber den jüdischen Rich-
    tern sich als Zionist zu geben versuchte." Zitat, Markus Arnold, in:
    Erzählungen im Öffentlichen. Über die Wirkung narrativer Diskurse,
    hrsg. von Markus Arnold, Gerd Dressel, Willy Viehöver, VS Verlag für
    Sozialwissenschaften, Wiesbaden 2012, S. 30
56 Zitat, Arendt, Gespräche und Briefe, S. 40
57 Zitat, Arendt, Eichmann in Jerusalem, S. 107
58 Zitat, ebenda, S. 56
59 Zitat, ebenda, S. 59
60 Zitat, Arendt, Eichmann in Jerusalem, S. 400
61 Zitat, Arendt, Gespräche und Briefe, S. 42 f.
62 Zitat, Hannah Arendt, Über das Böse, Eine Vorlesung zu Fragen
    der Ethik, hrsg. von Jerome Kohn, Piper Verlag, München 2006,

S. 101, im Folgenden zitiert als „Über das Böse"

63 Zitat, Arendt, Gespräche und Briefe, S. 44 f.

64 Zitat, ebenda, S. 39

65 Zitat, Hannah Arendt, Persönliche Verantwortung in der Diktatur, in: Hannah Arendt, Israel, Palästina und der Antisemitismus, Aufsätze, hrsg. von Eike Geisel, Klaus Bittermann, aus dem Amerikanischen übers. von Eike Geisel, Wagenbach Verlag, Berlin 1991, S. 36, im Folgenden zitiert als „ Verantwortung in der Diktatur"

66 Zitat, Arendt, Gespräche und Briefe, S. 45

67 Zitat, ebenda, S. 46

68 Zitat, ebenda, S. 49

69 Zitat, Arendt, Verantwortung in der Diktatur, S. 37 f.

70 Zitat, Arendt, Gespräche und Briefe, S. 49

71 Zitat, ebenda

72 Zitat, Arendt, Über das Böse, S. 101

73 Zitat, Arendt, Eichmann in Jerusalem, S. 222

74 Zitat, Arendt, Über das Böse, S. 150

75 Zitat, Arendt, Verantwortung in der Diktatur, S. 38

76 Zitat, Arendt, Ich will verstehen, S. 110

77 Zitat, Arendt, zitiert nach Wolfgang Heuer, Hannah Arendt, Rowohlt Verlag, Hamburg 1987, S. 98

78 Zitat, Hannah Arendt, Vom Leben des Geistes, Band 1, Das Denken, Piper Verlag, München 1979, S. 180, (Arendt zitiert an dieser Stelle Platons Dialog Georgias 482c), im Folgenden zitiert als „Vom Leben des Geistes"

79 Zitat, Arendt, Gespräche und Briefe, S. 53

80 Zitat, Arendt, Vom Leben des Geistes, S.192

81 Zitat, Hannah Arendt, Fernsehgespräch mit Günter Gaus, in: Hannah Arendt, Ich will verstehen, Selbstauskünfte zu Leben und Werk, Piper Verlag, München 1996, S. 56

82 Zitat, ebenda

83 Zitat, ebenda

84 Zitat, ebenda, S. 59

85 Zitat, ebenda, S. 57

86 Zitat, Arendt, Brief von Arendt an Scholem vom 20. Juli 1963, in: Briefwechsel mit Scholem, S. 439 f.

87 Zitat, Hannah Arendt, Wahrheit und Lüge in der Politik: 2 Essays,

Piper Verlag, München 2013, S.10

88 Zitat, Hannah Arendt, Brief an S. Neumann vom 15.8.1961,
    Nachlaß in der Library of Congress, Washington DC, zitiert nach
    Wolfgang Heuer, Hannah Arendt, Rowohlt Verlag, Hamburg 1987,
    S. 58
89 Zitat, Arendt, Menschen in finsteren Zeiten, S. 19
90 Zitat, Arendt, Vita activa, S. 215

In dieser Reihe erschienen:

Walther Ziegler
Adorno in 60 Minuten
1. Auflage: Oktober 2017
96 Seiten, Paperback, € 9,99
ISBN 9783-7-4486-463-3

Walther Ziegler
Arendt in 60 Minuten
1. Auflage: August 2018
120 Seiten, Paperback, € 9,99
ISBN 9783-7-5288-843-0

Walther Ziegler
Camus in 60 Minuten
1. Auflage: April 2015
84 Seiten, Paperback, € 9,99
ISBN 978-3-7347-8170-4

Walther Ziegler
Freud in 60 Minuten
1. Auflage: April 2015
96 Seiten, Paperback, € 9,99
ISBN 978-3-7347-8024-0

Walther Ziegler
Habermas in 60 Minuten
1. Auflage: März 2017
128 Seiten, Paperback, € 9,99
ISBN 978-3-7431-8732-0

Walther Ziegler
Hegel in 60 Minuten
1. Auflage: April 2015
128 Seiten, Paperback, € 9,99
ISBN 978-3-7347-8128-5

Walther Ziegler
Heidegger in 60 Minuten
1. Auflage: April 2015
108 Seiten, Paperback, € 9,99
ISBN 978-3-7347-8169-8

Walther Ziegler
Kant in 60 Minuten
1. Auflage: April 2015
144 Seiten, Paperback, € 9,99
ISBN 978-3-7347-8172-8

Walther Ziegler
Marx in 60 Minuten
1. Auflage: April 2015
112 Seiten, Paperback, € 9,99
ISBN 978-3-7347-8154-4

Walther Ziegler
Nietzsche in 60 Minuten
1. Auflage: Oktober 2017
152 Seiten, Paperback, € 9,99
ISBN 978-3-7448-6482-4

Walther Ziegler
Rousseau in 60 Minuten
1. Auflage: April 2015
112 Seiten, Paperback, € 9,99
ISBN 978-3-7347-2555-5

Walther Ziegler
Sartre in 60 Minuten
1. Auflage: April 2015
116 Seiten, Paperback, € 9,99
ISBN 978-3-7347-8156-8

Walther Ziegler
Schopenhauer in 60 Minuten
1. Auflage: Januar 2018
139 Seiten, Paperback, € 9,99
ISBN 978-3-7448-6463-3

Walther Ziegler
Smith in 60 Minuten
1. Auflage: April 2015
100 Seiten, Paperback, € 9,99
ISBN 978-3-7347-8157-5

Walther Ziegler
Platon in 60 Minuten
1. Auflage: April 2015
112 Seiten, Paperback, € 9,99
ISBN 978-3-7347-8158-2

Walther Ziegler
Wittgenstein in 60 Minuten
1. Auflage: April 2018
116 Seiten, Paperback, € 9,99
ISBN 978-3-7460-8226-4

Demnächst in dieser Reihe:

Walther Ziegler
Bacon in 60 Minuten

Walther Ziegler
Descartes in 60 Minuten

Walther Ziegler
Foucault in 60 Minuten

Walther Ziegler
Hobbes in 60 Minuten

Walther Ziegler
Popper in 60 Minuten

Walther Ziegler
Rawls in 60 Minuten

Große Denker in 60 Minuten

Sämtliche Bücher der Reihe sind auch gebunden als Hardcover im gleichen Verlag erschienen.

Der Autor:

Dr. Walther Ziegler hat Philosophie, Geschichte und Politik studiert. Als Auslandskorrespondent, Reporter und Nachrichtenchef des Fernsehsenders ProSieben produzierte er Filme auf allen Kontinenten. Seine Reportagen wurden mehrfach preisgekrönt. Seit 2007 bildet er in München junge TV-Journalisten aus und leitet die Medienakademie auf dem Gelände der Bavaria Film, eine Hochschulbildungseinrichtung für Film- und Fernsehstudiengänge. Er ist zugleich Autor zahlreicher philosophischer Bücher. Als langjährigem Journalisten gelingt es ihm, das komplexe Wissen der großen Philosophen spannend und verständlich darzustellen.